CANÇÃO DA LIBERDADE

Dados Internacionais de Catalogação na Publicação (CIP)
(Câmara Brasileira do Livro, SP, Brasil)

Berhane, Helen
  Canção da liberdade: a história real de fé e perseguição de uma cantora gospel / Helen Berhane com Emma Newrick; Tradução por Homero Schwammlein das Chagas. — São Paulo: Editora Vida, 2011.

  Título original: Song of the Nightngale.
  ISBN 978-85-383-0221-6

  1. Berhane, Helen 2. Cristianismo — Eritreia 3. Fé 4. Gospel (Música) — Cantoras — Autobiografia 5. Liberdade 6. Mulheres cristãs — Vida religiosa 7. Perseguição religiosa 8. Prisão 9. Sofrimento 10. Testemunhos (Cristianismo) I. Newrick, Emma. II. Título.

11-08887   CDD-276.3083092

Índices para catálogo sistemático:
1. Cristianismo na África: Mulheres cristãs: Perseguição religiosa:
Autobiografia   276.3083092

HELEN BERHANE
& EMMA NEWRICK

CANÇÃO DA
A HISTÓRIA REAL DE FÉ E PERSEGUIÇÃO DE UMA CANTORA *GOSPEL*
LIBERDADE

EDITORA VIDA
Rua Conde de Sarzedas, 246 — Liberdade
CEP 01512-070 — São Paulo, SP
Tel.: 0 xx 11 2618 7000
atendimento@editoravida.com.br
www.editoravida.com.br
@editora_vida /editoravida

CANÇÃO DA LIBERDADE
© 2009, by Helen Berhane
Originalmente publicado no UK com o título
Song of the Nighingale
Edição brasileira © 2011, Editora Vida
Publicação com permissão contratual da
AUTHENTIC MEDIA (Milton Keynes, UK)

Todos os direitos desta edição em língua portuguesa
reservados e protegidos por Editora Vida pela
Lei 9.610, de 19/02/1998.

É proibida a reprodução desta obra por quaisquer meios
(físicos, eletrônicos ou digitais), salvo em breves citações,
com indicação da fonte.

∎

Exceto em caso de indicação em contrário,
todas as citações bíblicas foram extraídas de
Nova Versão Internacional (NVI)
© 1993, 2000, 2011 by International Bible Society, edição
publicada por Editora Vida. Todos os direitos reservados.

Todas as citações bíblicas e de terceiros foram adaptadas
segundo o Acordo Ortográfico da Língua Portuguesa,
assinado em 1990, em vigor desde janeiro de 2009.

∎

Editor responsável: Marcelo Smargiasse
Editor-assistente: Gisele Romão da Cruz
Editor de qualidade e estilo: Sônia Freire Lula Almeida
Tradução: Homero Schwammlein das Chagas
Revisão de tradução: Andrea Filatro
Revisão de provas: Josemar de Souza Pinto
Projeto gráfico e diagramação: Karine dos Santos Barbosa
Capa: Arte Peniel

As opiniões expressas nesta obra refletem o ponto de vista
de seus autores e não são necessariamente equivalentes às
da Editora Vida ou de sua equipe editorial.

Os nomes das pessoas citadas na obra foram alterados nos
casos em que poderia surgir alguma situação embaraçosa.

Todos os grifos são do autor, exceto indicação em contrário.

1. edição: out. 2011
1. reimp.: nov. 2011
2. reimp.: out. 2014
3. reimp.: maio 2015
4. reimp.: ago 2015
5. reimp.: fev. 2017
6. reimp.: jul. 2018
7. reimp.: set. 2019
8. reimp.: mar. 2022
9. reimp.: jan. 2023

Esta obra foi composta em *Sabon*
e impressa por Promove Artes Gráficas sobre papel
Pólen Natural 80 g/m² para Editora Vida.

Dedico este livro às gerações futuras, orando para que não enfrentem as mesmas provações, como um lembrete de que a liberdade jamais deve ser tida como certeza.

Sumário

Agradecimentos »9
Prefácio »13

1   Antes de tudo começar »17
2   Tempos de provações »27
3   Prisioneira! »35
4   A prisão »44
5   *Mai Serwa* »54
6   *Melmesi* »65
7   Solitária »77
8   Menos do que humanos »84
9   O cordeiro do sacrifício »97
10 "O que ele fez por você?" »109
11 A libertação »121
12 A liberdade »128

Epílogo »135
Sobre a Eritreia »139

Agradecimentos

Agradecemos ao dr. Berhane Ashmelash, por suas habilidades como intérprete, e a Colin Spence.

"Outros prisioneiros e até os guardas muitas vezes se espantavam de que os crentes, sob tão terríveis circunstâncias, pudessem alegrar-se. Não nos podiam impedir de cantar, apesar de sermos açoitados por isso. Imagino que os rouxinóis também cantariam, embora soubessem que depois de cantar poderiam ser mortos. Os crentes na prisão dançavam de alegria. Como podiam ser alegres sob tão trágicas condições?"

Extraído de *Torturado por amor a Cristo*[1] de Richard Wurmbrand, fundador da *Release International*.

---

[1] O livro foi publicado em português pela Voz dos Mártires, e a última edição é de 1976. [N. do T.]

Prefácio

A chama de uma única vela balança no ar iluminando com dificuldade a escuridão do ambiente. As velas nunca permanecem acesas por mais de duas horas depois que a porta do contêiner é trancada: não há oxigênio suficiente para mantê-las queimando por mais tempo. Esta logo se apagará também.

A mulher que está atrás de mim se move enquanto dorme, e suas pernas atingem minhas costas provocando dores terríveis em mim. Tento me contorcer para dar mais espaço a ela, mas já estou apertada contra o corpo de outra pessoa dormindo. Puxo meu cobertor o mais alto que posso e enrolo-me nele quanto consigo. Apesar de tantas pessoas estarem próximas umas às outras, o frio é excruciante. A condensação faz as gotas caírem do teto sobre minha face e, quando elas umedecem meus lábios, sinto o gosto da ferrugem. O ar é denso e tem um forte cheiro de metal sujo, para não mencionar o fedor sempre presente do balde que fica no canto e dos corpos imundos.

Eu olho ao redor, tentando descobrir onde está a mulher que ficou louca. Há uma forma sombria parada em frente à pequena janela criada após cortarem a lateral do contêiner. Fico paralisada. Às vezes, ela fecha a abertura ao colocar seu cobertor no buraco, cortando nosso limitado suprimento de ar fresco. Em outras noites, ela grita e chora, balançando o contêiner de tal modo que ninguém consegue dormir. Ela piorou agora que somos mais que antes: 19 pessoas em um espaço onde apenas 18 conseguem dormir. Ela está quieta esta noite, e isso me preocupa.

Só que estou tão cansada que forço meu corpo a relaxar contra o chão duro. A chama se apaga repentinamente, fecho os olhos e penso na minha filha: "Senhor, por favor, guarde minha filha".

O chão começa a ranger. Alguém deve estar se levantando e tropeçando por entre os cobertores até chegar ao balde-banheiro. Tento não dar atenção aos barulhos, mas, de repente, sem aviso algum, mãos se aproximam do meu pescoço tentando agarrá-lo. Meus olhos se abrem rapidamente, porém está escuro demais para enxergar qualquer coisa. Então, ouço um resmungo rouco e percebo que ela, a mulher louca, estava com as mãos apertadas ao redor da minha garganta. Coloco-me de pé, mas não tenho ar suficiente para gritar e não sou forte o suficiente para sacudi-la. Assim, faço a única coisa que poderia fazer: bato a mão livre na parede do contêiner e dou um chute. Todas as prisioneiras ao redor começam a acordar. Uma delas tenta tirá-la de cima de mim, mas agora ela tem uma mão na minha garganta e a outra puxa meus cabelos até arrancá-los de minha cabeça. Respiro profundamente e dou um grito. As outras prisioneiras também começam a gritar e a bater na lateral do contêiner. Agora os gritos vêm de fora, e ouvimos passos apressados em direção ao lugar onde estamos. Em seguida, escutamos os sons dos rangidos das travas sendo retiradas e o estouro da porta sendo totalmente aberta enquanto o ar entra rapidamente no contêiner.

Meus olhos ardem enquanto as luzes das tochas queimam meu rosto até que o guarda começa a puxar a mulher com força para longe de mim, batendo em sua cabeça e seu corpo com um bastão. Caio no chão e me apoio com as mãos, respirando profundamente. Os guardas arrastam a mulher para fora do contêiner e batem as portas outra vez. As outras prisioneiras correm e amontoam-se na pequena janela, pela qual somente uma pessoa pode ver o que acontece lá fora. Uma das prisioneiras consegue espiar e suspira: "Estão batendo nela". Ela fala com uma voz baixinha para não irritar os guardas, que não gostam quando olhamos para fora. Ela arrisca mais uma espiada: "Amarraram ela lá fora". As outras começam a se deitar novamente, ansiando por algumas poucas horas de sono, antes que os guardas venham e nos levem para o lugar no campo que nos fazia às vezes de banheiro.

Eu me deito também, mas sinto meu couro cabeludo doer como se estivesse pegando fogo, e sei que não vou conseguir dormir nesta noite. Às vezes, não consigo acreditar que isto é minha vida — estas quatro paredes de metais, todas nós encurraladas como gado, a dor, a fome, o medo. E tudo por causa da minha crença em um Deus que ressuscitou e me comissiona a compartilhar minha fé com aqueles que não o conhecem ainda. Um Deus a quem sou proibida de adorar. Neste momento, recordo a pergunta que me fizeram muitas vezes em meus diversos meses na prisão: "Helen, vale a pena enfrentar tudo isso por causa de sua fé?". E, enquanto respiro profundamente aquele ar malcheiroso, sentindo a cabeça arder e ouvindo os gritos desvairados da mulher louca amarrada lá fora, mesmo com os guardas ao redor, sussurro uma resposta: "Sim".

1
Antes de tudo começar

Se você tivesse me conhecido quando eu era apenas uma criança crescendo em uma cidade de nome Asmara, em um país chamado Eritreia, teria pensado que eu seria a última pessoa a acabar em uma prisão. Não tenho uma natureza rebelde. Fui uma criança muito quieta e uma adolescente muito tranquila. Provavelmente sou assim porque me tornei cristã desde muito pequena.

Nasci em 1974 e fui criada no piso superior de um belo sobrado construído pelos italianos na época em que a Eritreia ainda era uma colônia italiana. Meus pais, que trabalhavam como enfermeiros no maior hospital de Asmara, eram de família de tradição cristã ortodoxa; portanto, frequentar a igreja ortodoxa mais próxima de casa, desde pequena, junto com a família, foi algo natural. Logo conheci as Escrituras e com 8 anos de idade já me considerava cristã. Não me lembro de ter tido um "momento de conversão". Simplesmente parecia muito claro para mim que aqueles ensinamentos eram verdadeiros.

Quando minha irmã mais nova nasceu, nós nos mudamos para uma casa maior que meu pai tinha construído para nós do outro lado da cidade, e passei a frequentar a igreja católica mais próxima de nossa casa nova. Desde pequena sempre cantei, mas as pessoas da igreja nova me encorajaram a levar isso a sério. Não muito tempo depois, eu já estava escrevendo e cantando minhas próprias músicas na igreja. Aos 14 anos de idade, minha fé se aprofundou e descobri que queria dedicar minha vida a fazer a obra de Deus.

Fiz amizade com uma garota que também se chamava Helen, e orávamos e jejuávamos juntas constantemente. Tínhamos consciência de que as coisas não iam bem na Eritreia, já que estávamos em um conflito com a Etiópia por causa de nossa independência. Por isso, gastávamos bastante tempo orando por direcionamento e mudanças em nosso país. Eu estava realmente decidida de que preferia morrer a viver uma vida sem propósito e sem fazer diferença no mundo.

Percebi que a música fazia parte do meu ministério, assim como falar do evangelho às pessoas. Entretanto, também me importava profundamente com as pessoas doentes que eu conhecia em nossa comunidade e dediquei boa parte de meu tempo livre para visitá-las. Ainda existem muitas pessoas na Eritreia que acreditam no poder de curandeiros para ajudá-las a se recuperar de doenças. Os curandeiros escrevem em um pedaço de papel uma oração para a pessoa — ou uma maldição contra os inimigos dela — e, após dobrá-lo, colocam-no dentro de uma pequena lâmina de metal, que embrulham em um pedaço de couro. Isso é amarrado ao redor do pescoço do doente, que o recebe com a advertência de que não deve retirá-lo dali. Muitas pessoas que visitei usavam esses amuletos, por isso dediquei minha vida visitando esses doentes, orando e compartilhando o evangelho com eles. Por diversas vezes, após minha oração, essas pessoas removiam os amuletos e, em algumas situações, até os queimavam. Eu encarava isso como um testemunho claro de que Deus estava me usando para realizar sua obra.

Nesse período fui batizada e quis demonstrar que levava minha fé a sério. Ansiava por seguir meu ministério e acreditava estar preparada para qualquer desafio que Deus tivesse preparado para mim.

Em 1990, pouco tempo depois de ter completado 16 anos, saí da escola e voltei impaciente para casa, pois queria trabalhar em uma música que eu estava escrevendo para terminá-la a tempo do culto de domingo.

Nossa criada, Ruth, veio até a varanda com um cesto de roupa suja nas mãos e me disse:

— Helen, sua mãe quer falar com você.

Minha mãe estava na cozinha preparando uma refeição. Sem parar de trabalhar, ela olhou para mim e sorriu.

— Helen, nós organizamos uma viagem de férias para você. Você vai para a Etiópia, para Adis-Abeba — disse minha mãe.

Fiquei muito empolgada! Nunca havia saído da Eritreia. Ficaria com alguns amigos da família e estava ansiosa para fazer novas amizades e conhecer outra cidade. Antes de terminar a música, fui para meu quarto planejar o que eu levaria na viagem. Vi a expressão apreensiva no rosto da minha mãe, mas eu pensei que ela estivesse apenas preocupada comigo, já que eu nunca tinha viajado.

Quando chegou o momento de eu deixar a casa e começar minha jornada para Adis-Abeba, minha mãe e meu pai estavam lá para se despedir de mim. Meu pai acenou para mim com a cabeça em sinal de aprovação, e minha mãe sorriu com uma expressão de dúvida. Eles trocaram olhares, e ela veio até perto de mim, alisando meu cabelo com carinho.

— Helen, espero que você aproveite seu tempo fora de casa. Você conhecerá alguém que é muito importante para nossa família e que também será muito importante para você.

Só então ela me disse que, na verdade, eu estava indo até Adis-Abeba para ficar noiva. Meu futuro marido era um homem mais velho que eu, um amigo da família, e nosso casamento fortaleceria os laços entre nossas duas famílias.

A caminho da Etiópia, pensei muito no que havia acontecido. Os casamentos arranjados ainda são frequentes na Eritreia, embora a prática seja mais comum nas áreas rurais. Entretanto, não me pareceu estranho que meus pais agissem assim. Os laços familiares são muito importantes em nossa cultura; portanto, arranjar um casamento entre duas pessoas de famílias próximas para criar ou manter o relacionamento entre elas não é incomum. Eu nunca havia pensado muito sobre casamento, mas até chegar eu já tinha decidido que, embora pudesse levar tempo para que me acostumasse com a ideia, ficaria feliz por aceitar o desejo de meus pais. Minha maior preocupação era a diferença de idade, já que meu futuro marido tinha 36 anos de idade, e eu, apenas 16. Eu me preocupava se teríamos alguma coisa em comum.

Fui recebida por nossos amigos em Adis-Abeba e, sem muita demora, fui informada sobre meu noivo. Comecei a me acostumar com a ideia e a gostar do novo ambiente, quando, de repente, meus pais chegaram. Eu estava alegre por vê-los, mas não conseguia entender o motivo daquela vinda. Sentia falta deles, mas já era velha o suficiente para estar ali sozinha, ainda mais considerando que logo me casaria.

— Vocês não precisavam ter vindo também. Voltarei para casa em algumas semanas — eu disse rindo.

— Helen, viemos para seu casamento — disse meu pai, enquanto minha mãe balançava a cabeça em sinal de reprovação.

No primeiro momento, não entendi o que ele queria dizer; então, minha mãe disse:

— Helen, você se casará aqui e agora.

Minha mãe explicou que eu não retornaria para a Eritreia com eles nem voltaria à escola, mas viveria ali em Adis-Abeba com meu futuro marido.

Concordei com a cabeça. Eu estava apreensiva, mas queria ser uma filha obediente. Então, engoli minhas lágrimas, o nó que estava em minha garganta e me preparei para o casamento. Ainda assim, queria ter tido a chance de dizer adeus a meus amigos da escola.

Depois do casamento, meu marido e eu nos mudamos para uma casa em Adis-Abeba, onde vivemos por um ano. Então, decidimos nos mudar para Asmara. Eva nasceu em 1994. O país que eu havia deixado antes de casar era muito diferente do outro que encontrei quando retornei anos depois. A Eritreia era agora um país independente, dirigido pela Frente de Libertação do Povo Eritreu (FLPE), que havia lutado por trinta anos pelo poder. Todos se sentiam otimistas sobre o futuro.

Tentei também ser otimista quanto ao futuro, mas foi muito difícil. Meu casamento não ia bem.

Meu marido, que não compartilhava da mesma fé que eu, vivera na Suécia um pouco antes de nos casarmos. Eu pensava que agora ele ficaria feliz em permanecer conosco na Eritreia, mas nossa filha tinha apenas 6 meses de idade quando ele nos deixou para retornar à Suécia e ficar lá por um tempo. No primeiro momento, não me preocupei;

afinal, meus pais me ajudavam a cuidar de Eva, e meu marido voltava de tempos em tempos para passar alguns meses conosco. Só que os intervalos entre as visitas tornaram-se cada vez maiores, até que ele chegou a passar mais de um ano longe de nós. Certa ocasião, assim que ele retornou da Suécia, foi falar diretamente com meu pai e entregou-lhe um envelope. Quando meu pai o abriu, deparou com os documentos de divórcio.

Eu estava triste, porque acreditava que o casamento era sagrado aos olhos de Deus, mas não tive escolha. Sabia que meu marido se sentira obrigado a casar-se comigo, da mesma maneira que eu também me sentira, e ambos éramos infelizes. Ainda assim, eu não conseguia arrepender-me do que havia ocorrido, pois tive minha filha amada por causa daquele casamento.

Quando o divórcio foi concluído, meu marido me deu uma quantia em dinheiro para que eu pudesse me manter e criar Eva. Soube quase imediatamente o que eu queria fazer com aquela quantia. Eu vinha visitando um amigo na área rica da cidade, que ficava mais para o sul, e tinha visto um lindo salão de beleza à venda. Eu gostava de estar com as pessoas e pensei que poderia fazer as pessoas se sentirem bem consigo mesmas. Isso também me daria a oportunidade de ajudar a comunidade, porque eu poderia doar parte dos meus lucros para um projeto local de ajuda humanitária, além de falar da minha fé a meus clientes.

Agora, eu fazia parte da Igreja ortodoxa novamente e me envolvera em um movimento de renovação. Estava determinada a seguir adiante, como sempre, embora soubesse que enfrentaria problemas, já que geralmente o divórcio é visto com maus olhos em minha cultura.

Entrei na igreja no domingo, sorrindo e cumprimentando as mulheres que eu já conhecia bem. Elas não corresponderam a minhas saudações, e uma delas até virou as costas para mim. Sentei-me em meu lugar de costume e me senti confusa e magoada. Afinal de contas, eu não tinha tomado a decisão de me casar nem a decisão de me divorciar. Ninguém se sentou ao meu lado, e eu fui embora assim que o culto acabou. Quando retornei na semana seguinte, descobri que no meio da semana havia ocorrido um encontro de oração, e eu não tinha sido convidada. Percebi que algumas mulheres cochichavam sobre a organização de outro encontro de oração, mas, quando me aproximei, elas ficaram em silêncio. Aquela desaprovação criou uma atmosfera muito desagradável. Até tentei explicar minha situação e ignorei o comportamento delas, mas comecei a sentir que não era bem-vinda naquela igreja. Muitas pessoas pararam de me chamar pelo nome e simplesmente começaram a me chamar de "a divorciada".

— Vejam só! Lá vem a divorciada. O que ela pensa que está fazendo aqui? — diziam.

Fui excluída das atividades da igreja, e, depois de tudo isso, alguns membros da igreja se aproximaram de mim um dia e me disseram que eu não deveria mais frequentar os cultos. Eu não deveria mais cantar, pregar ou ter qualquer envolvimento com os assuntos da igreja. Aí disseram:

— Uma divorciada não tem lugar na igreja.

Caminhei até em casa, amargamente ferida, e nunca mais voltei àquela igreja. Fiquei em casa e passei a orar no quarto, às vezes durante a noite inteira. Sentia falta da comunhão com outros cristãos e, durante certo tempo, senti-me muito solitária. Foi nesse momento que Deus me deu as palavras de mais uma canção:

> Não importa quão solitária eu me sinta,
> Jesus está nesta jornada comigo.

> Embora as pessoas tenham me rejeitado,
> Deus jamais me abandonará.

Comecei a refletir mais seriamente sobre minha fé e a ler e reler a história de Paulo na Bíblia. Compreendi que, sendo cristã, eu teria de estar preparada para enfrentar sofrimentos muito piores do que aqueles. Nessa época, li o livro *Torturados por amor a Cristo,* de Richard Wurmbrand, e tive a convicção de que Deus estava me preparando para sofrer por seu nome. Eu sabia que precisava estar pronta para servir, mesmo que o preço para isso fosse minha própria vida.

O tempo passou. Meu salão de beleza começou a florescer e passei a apreciar minha nova vida. Eu falava sobre minha fé enquanto trançava cabelos e aplicava maquiagens com um carinho especial. Amava ver o sorriso no rosto das noivas no espelho enquanto eu fazia de tudo para que elas ficassem lindas para a cerimônia de casamento. Também adorava o fato de que ter o próprio negócio me dava a oportunidade de ajudar os outros. Conheci uma mulher por meio de um projeto local de ajuda humanitária e passei a destinar parte dos meus lucros para ajudá-la. Também era divorciada e, portanto, isolada, como eu, mas ela havia contraído HIV positivo e lutava para manter-se lavando roupas por alguns trocados. Eu me sentia abençoada, em comparação a ela, e ficava muito feliz por poder ajudá-la e a outras mães como ela.

Entretanto, o futuro pacífico que esperávamos e pelo qual orávamos não se tornou realidade. Ainda havia um conflito entre a Eritreia e a Etiópia na fronteira dos dois países, e o nosso governo tinha continuado e reforçado o programa de serviços militares que o governo anterior iniciara. A atmosfera era tensa, e eu sentia que um tempo de provação era iminente.

Chega então 1998. Eva completara 4 anos de idade. Naquele ano, a guerra com a Etiópia explodiu outra vez — a disputa de quem ficaria com uma cidade na fronteira transformou-se em uma guerra que envolveu o país inteiro. O conflito foi violento e perdi muitos amigos durante os dois anos em que a guerra durou. Eu estava feliz que Eva ainda era muito pequena para ser convocada pelo exército. Eu amava meu país e entendia por que meu povo estava lutando, mas, quando o preço se tornou alto demais e a morte chegou com tudo, simplesmente parecia que todo aquele derramamento de sangue era um verdadeiro desperdício de vidas. Mais de 19 mil eritreus morreram — um número grande demais para um pequeno país como o nosso. Parecia que todos os dias eu ficava sabendo da morte de algum conhecido. Senti pena de todos os que estavam envolvidos no conflito, eritreus e etíopes, e cria que Deus tinha algo melhor para nós.

Segui me concentrando no ministério durante esse tempo, já que sabia que era isso o que Deus queria que eu fizesse. Havia um centro de treinamento da Igreja do evangelho pleno perto de casa. Então, comecei a cursar teologia em meu tempo livre. Eu viajava com frequência para outras cidades e vilarejos do interior, próximo a Asmara, para cantar e pregar em pequenas igrejas, e compartilhava minha fé com as pessoas que eu conhecia nas ruas e no salão de beleza. Aos poucos, tornei-me conhecida como cantora, e muitas igrejas queriam que eu as visitasse e cantasse. Eu estava muito feliz porque Deus estava me usando.

Conheci outro cristão que também era cantor. Seu nome era Yonas Hail, e nos tornamos amigos. Fiquei encantada quando ele contou que estava fazendo um filme evangelístico para distribuir por toda a Eritreia e que queria que eu participasse do projeto. Era muito perigoso para Jonas fazer aquele filme, porque ele havia servido no exército, mas desertara e não queria voltar. De tempos em tempos, ele era capturado e preso, e, sempre que o soltavam, ele fugia de novo. Estava escondido de uma fuga recente, por isso era sempre muito cuidadoso e andava pelas ruas mais ermas para chegar à casa onde estávamos ensaiando. Intitulamos o filme de *O evangelho é a cura para a terra*. O filme contava a jornada de fé de um homem que vivia na Eritreia. Esperávamos que muitas pessoas pudessem assistir à fita e conhecer sobre o evangelho, de modo que, no final das contas, a obra pudesse ajudar a curar nossa terra. O filme se popularizou rapidamente entre os jovens cristãos eritreus, e nos sentimos encorajados quando vimos que ele estava sendo usado como parte de seus ministérios.

Eu não sabia que a minha vida estava prestes a mudar por completo.

2
Tempos de provações

Eram cerca de 8 horas da manhã de um domingo, no início do verão de 2000. Eu caminhava para casa com uns amigos dentro de Asmara. Tinha liderado um grupo doméstico de estudos bíblicos mais cedo naquele dia e precisava ir para o salão de beleza para fazer os pagamentos. As mulheres que trabalhavam comigo precisavam de seu salário sem atraso, pois tinham filhos pequenos para manter. Aquele tinha sido um dia muito ocupado, e, enquanto eu caminhava, pensava ansiosamente na refeição que teria de preparar quando finalmente chegasse em casa.

Paramos para tomar um táxi no centro da cidade. Há ali uma enorme igreja católica, conhecida por todos em Asmara como a "Catedral". Ela fica no topo de uma grande escadaria, na avenida principal, e muitas pessoas usam a igreja como ponto de referência para se encontrar com amigos, sentar e conversar. Você encontrará ali, quase todos os dias, grupos de garotas fazendo gracinhas com jovens que passam sem ter o que fazer e fingem não notar o que as meninas estão fazendo. Na avenida principal, as vovós se juntam para fazer fofoca, e os homens mais velhos discutem os negócios do dia. Pessoas de todos os tipos e estilos de vida passam por ali.

O tempo estava bom naquela tarde, e os degraus da igreja estavam cheios de gente conversando, rindo e relaxando.

Quando chegamos ao táxi que estava parado em frente à escadaria, olhei para aquelas pessoas tentando se distrair e senti enorme compaixão. A situação com a Etiópia continuava instável, e era evidente que ambos os países se preparavam para uma batalha ainda maior. Em pouco tempo, várias daquelas pessoas que riam ali sob o sol poderiam estar mortas, assassinadas na frente de batalha. Naquele momento, tive certeza de que sem a intervenção de Deus haveria mais derramamento de sangue, e eu sabia que devia falar com aquelas pessoas.

Olhei para meus amigos. Um deles já tinha encontrado alguém que conhecia, outro procurava chamar o táxi, e o último ficou parado ao meu lado, apenas esperando. Entreguei minha bolsa de mão a ele e disse:

— Segure isto para mim; eu vou pregar.

Virei-me e caminhei até o topo da escadaria, deixando meu amigo confuso. Ele segurava firmemente minhas coisas. Quando cheguei ao topo, bati palmas com força para chamar a atenção das pessoas. Eu ainda não sabia exatamente o que dizer; apenas tinha a convicção de que Deus queria que eu pregasse, e, agora, muitas delas olhavam para mim com uma expressão de curiosidade. Então, comecei a falar:

— Nós vivemos em um grande país. Podemos ser pequenos, mas somos determinados e temos muitas coisas das quais nos orgulhar, porém essa guerra está nos destruindo. Todos nós perdemos alguém. Eu mesma perdi muitos bons amigos nesta luta.

Pude notar que muitos acenavam com a cabeça em concordância. Então, segui falando.

— E agora parece que haverá mais luta, e outros irmãos e irmãs nossos poderão morrer. E até mesmo alguns de vocês aqui talvez não vivam por muito mais tempo. Então, o que eu creio que o nosso país necessita agora é de reconciliação. Deus não quer ver mais pessoas de seu povo morrer. Jesus não disse que devemos amar nosso próximo? Todos nós devemos orar pedindo que a Eritreia e a Etiópia possam encontrar paz e que esta guerra acabe logo.

Aos poucos as pessoas começaram a se aproximar para ouvir o que eu estava dizendo, e percebi que algumas delas estavam chorando e tinham sido tocadas pelo que eu havia dito.

Depois de alguns minutos, terminei de falar e comecei a descer os degraus. Quando eu estava na metade do caminho, notei que havia dois homens parados no meio da multidão em frente à escadaria. Eles estavam à paisana e olhavam fixamente para mim. Assim que pisei na rua, eles se movimentaram abruptamente e me agarraram pelos ombros, um de cada lado. Minha suspeita se confirmou — eram membros da polícia secreta. Eu estava com medo, mas sabia que eles não me podiam ferir se Deus não o permitisse.

Os homens me arrastaram no meio da multidão, e muitas pessoas gritavam pedindo que eles me deixassem em paz.

Um homem segurou nos braços do policial e perguntou:

— O que foi que ela fez? Para onde você a está levando?

Uma mulher que estava atrás dele balançou a cabeça e disse:

— Ela não fez nada de errado. A única coisa que ela fez foi falar de Jesus. Isso não é crime!

O policial apenas olhou com indiferença, ignorando o que eles falavam, e seguiu andando.

Quando chegamos à avenida, um dos policiais entrou em um carro e saiu em disparada. O outro continuou andando, ainda segurando meu braço. Algumas pessoas da multidão nos seguiam, mas foram ficando para trás aos poucos, até que restaram apenas duas: um homem, que se dizia um jornalista, e um dos meus amigos do grupo doméstico, que fingia não me conhecer, para que eles o deixassem fazer uma declaração.

Andamos até uma pequena prisão para pequenos delitos que ficava perto dali. Era uma antiga construção italiana, que mais parecia uma casa do que uma prisão, um pequeno complexo com corredores pequenos e quartos minúsculos. O policial ordenou que eu me sentasse na área da recepção até que o diretor da prisão fosse chamado. Só que, quando ele chegou e viu que obviamente eu não era uma jovem criminosa, o diretor deu com os ombros, balançou a cabeça em sinal de discordância e recusou-se a me admitir como prisioneira. O policial ficou muito bravo, mas o diretor permaneceu inflexível; então, ele foi forçado a me levar a pé para o Primeiro Posto Policial (na Eritreia, as delegacias têm números em vez de nomes).

Eu já havia passado em frente àquela delegacia, mas era a primeira vez que entrava. Fui levada diretamente para o escritório do diretor para ser interrogada. O que aconteceu foi que o outro policial secreto que me havia prendido tinha ido de carro até a delegacia e feito uma acusação falsa contra mim, dizendo que eu havia falado contra a prisão de eritreus e dito a todos que o presidente e o governo deveriam ser afastados de seus postos. Ele sabia que, se contasse a verdade — que eu estava apenas pregando o evangelho —, eles teriam de simplesmente me deixar sair.

O diretor fez um sinal para que ambos os policiais nos deixassem; então, sentou-se e cruzou os braços sobre o peito vestido com o uniforme azul. Seu quepe estava sobre a mesa, do lado de seu bastão, o que dava a sensação de que estavam ali para me amedrontar. Eu estava nervosa, mas sabia que não tinha feito nada de errado. Enquanto esperava o homem falar, eu o estudei. Ele deveria ter a mesma idade de meu pai, mas aparentava ser mais velho, por causa das marcas de seriedade que se espalhavam por seu rosto. Então, ele perguntou:

— Isso é verdade? Você estava pregando contra o governo?

Balancei a cabeça em sinal negativo e disse:

— Apenas preguei o evangelho e falei sobre minha tristeza com as muitas mortes que estão ocorrendo na guerra. Sou leal a meu país e quero vê-lo prosperar. Acredito que, para isso acontecer, as pessoas precisam ter fé em Deus. E disse que deveríamos orar pelo fim da guerra.

Logo em seguida, o diretor chamou o jornalista para que ele desse sua versão dos fatos. O homem colocou-se de pé no escritório, olhou para o diretor com desconforto e declarou:

— Desculpe-me, mas cheguei ao final e não ouvi o que ela disse.

Eu o tinha visto lá durante meu discurso, mas ele deve ter ficado com medo do que a polícia secreta poderia fazer caso ele contasse a verdade.

O diretor olhou irritado para o jornalista e falou:

—Você está desperdiçando meu tempo. Você deveria testemunhar! Como espera fazer isso se não viu ou ouviu o que aconteceu? Vá para sua casa!

Então, eles trouxeram meu amigo. Ele não mencionou que era cristã ou que me conhecia, mas simplesmente explicou o que me ouviu dizer. Naquela época, as igrejas ainda estavam abertas e não era crime falar de Jesus, por isso a polícia não sabia o que fazer comigo. Eles pediram que eu esperasse fora do escritório, na recepção; vi diversos outros policiais entrando na sala do diretor, e era óbvio que estavam discutindo meu caso. Sentei-me e orei pedindo que a vontade do Senhor fosse feita. Se fosse sua vontade que eu fosse liberta, então que isto ocorresse, mas, se ele quisesse que eu permanecesse presa, eu ficaria feliz por sofrer por seu nome. No fim da tarde, eles me chamaram de volta ao escritório, anotaram meu nome e endereço e disseram que eu deveria retornar na manhã seguinte.

Não fui para o salão de beleza naquela manhã, como de costume. Chamei meus pais e contei que tinha sido presa na noite anterior, caso os policiais decidissem me deter. Queria me assegurar de que minha filha e meus pais sabiam para onde eu tinha ido e também que alguém cuidaria das coisas no salão. Então, retornei ao Primeiro Posto Policial e me dirigi ao escritório do diretor. Ele se sentou atrás de sua mesa e me encarou irritado, da mesma maneira que havia feito no dia anterior. Eu tinha certeza de que ele pensava que eu estava desperdiçando seu tempo e fiquei pensando se ele se contentaria em me dar uma advertência e então me deixaria sair. Entretanto, por causa da falsa acusação que a polícia secreta havia feito, ele foi forçado a me ameaçar como se eu fosse um terrível problema para o governo.

O diretor começou a disparar várias perguntas para mim:

— Onde você nasceu? Onde vive? Onde trabalha?

Respondi a todas as perguntas com toda a honestidade e o máximo de detalhes, mas minhas respostas pareciam não satisfazê-lo. Ele se inclinou para a frente apoiando-se na mesa que havia entre nós.

— Por que você foi até o local histórico do governo para pregar? Aonde você queria chegar?

No começo, não entendi o que ele queria dizer, mas aí lembrei que o governo tinha renomeado a rua daquela catedral para "Avenida da Independência", depois que a Eritreia fora libertada. Então, respondi:

— Eu não estava pensando naquele lugar como um lugar histórico, mas, sim, como uma igreja, por isso estava pregando na área da igreja, não na rua. Eu não tinha nenhuma intenção política ao pregar ali.

— Estou dando a você uma advertência oficial. Você não deve pregar nunca mais — o diretor ameaçou balançando a cabeça negativamente.

Eu sei que ele queria que eu respondesse com um "sim" em obediência, mas eu não podia negar o meu Deus. Mantive minha cabeça erguida e respondi:

— Nunca deixarei de pregar. O evangelho não pode ser proibido.

Ele continuou balançando a cabeça diante do meu desafio.

— Você estava falando sobre derramamento de sangue e sobre aqueles que estão morrendo na guerra. Por que está tão preocupada com isso? Você está obcecada pela morte?

Aí ele começou a me provocar:

— Já sei! Você deve ter tido um namorado que morreu na guerra.

Na minha cultura, é um grande insulto quando um homem se dirige a uma mulher dessa maneira, mas eu só respondi falando a verdade com muita calma.

— Estou preocupada porque todos os eritreus, e os etíopes também, são meus irmãos e irmãs, e eu não gostaria que nenhum deles morresse.

Um padre ortodoxo etíope aparecera nos noticiários recentemente por estar orando pela aniquilação total de ambos os exércitos, e isso me entristeceu sobremaneira, assim como a meus amigos. As atitudes do padre não foram cristãs e não ajudarão a situação a se resolver. O diretor mencionou esse homem.

— Nem os padres podem fazer nenhuma diferença nessa situação; então, por que você está tentando fazer?

Respondi então:

— Os padres deveriam falar sobre reconciliação, não sobre destruição. Deus não quer que matemos uns aos outros. A atitude daquele homem ao orar para que tantos combatentes morressem em ambos os lados da batalha foi indigna de sua fé e chocou a mim e a meus amigos. Nós não estamos orando para que as pessoas morram; pelo contrário, estamos orando para que a guerra acabe logo, porque isso será bom para ambos os lados.

Conversamos nessa linha por algum tempo, e o diretor começou a me olhar com uma expressão mais amigável, agora que sabia que minhas preocupações eram genuínas, e eu não estava tentando derrubar o governo.

Em dado momento, ele disse:

— Helen, parte de sua pregação até que tem sentido, mas não há nada que você possa fazer sobre a guerra. Sua pregação pode ser útil no futuro, mas agora não é o tempo correto para ela. Você é jovem e deveria estar aproveitando a vida. Não se deveria preocupar com essas coisas, que não dizem respeito a você. Vou liberar você agora, mas não deve pregar mais.

Saí da delegacia, porém não tinha intenção alguma de obedecer àquela ordem. Não demoraria muito para que a força de minha convicção fosse provada outra vez.

3
Prisioneira!

Uma semana depois de eu ter sido presa na Catedral, fui para o grupo doméstico no centro de Asmara, como de costume. Depois disso, segui para outro ajuntamento no qual deveria cantar. O local ficava em uma área residencial da cidade. Começamos o culto, e quase imediatamente alguém começou a bater fortemente na porta. O anfitrião a abriu e encontrou um homem irado no degrau da entrada.

— O que é todo esse barulho? — reclamou o homem.

— Vocês não sabem que existem pessoas tentando dormir? Por que temos de ser perturbados por essa cantoria alta?

O anfitrião pediu desculpas e perguntou educadamente em qual casa o homem morava. Ele balançou a cabeça impacientemente e disse:

— Eu não disse que morava aqui. Eu estava passando por aqui e ouvi vocês. Vocês deveriam pensar nas outras pessoas.

O anfitrião prometeu que iríamos cantar serenamente, mas fez a observação de que nenhum dos moradores ao redor tinha reclamado. O homem foi embora muito bravo.

Era óbvio que ele só queria arranjar problema. Descobrimos depois que ele havia ido direto para o Segundo Posto Policial e relatou que estávamos causando perturbação.

Assim que comecei a cantar para as pessoas, ouviram-se outras batidas fortes na porta da casa. Dessa vez, quando o anfitrião abriu a porta, um grande número de policiais entrou empurrando quem estivesse à frente. Eu os vi se espalhando por toda a sala, mas continuei a cantar, porque recusei permitir que eles impedissem minha adoração. Por mais incrível que pareça, eles esperaram que eu terminasse e somente quando eu ia começar a segunda canção é que ordenaram que eu parasse e pediram que todos mostrassem os documentos de identificação.

Os guardas levaram todos para o Segundo Posto Policial. Éramos cerca de 20 adultos, entre homens e mulheres. Quando chegamos à delegacia, começaram os interrogatórios. Eles queriam saber por que estávamos reunidos. Um dos policiais apontou para mim e disse:

— Aquela ali! Ela é a líder. Pergunte a ela o que estava fazendo.

Eu respondi:

— Estávamos reunidos apenas para pregar e ouvir o evangelho e não estávamos causando nenhuma perturbação. Não é crime adorar a Deus. Vocês deveriam nos soltar, já que não fizemos nada de errado.

Só que eles nos mantiveram lá até o fim da tarde e muitos dos que estavam comigo começaram a ficar preocupados, já que o próximo dia era segunda-feira e, se eles fossem mantidos presos durante a noite e não fossem ao trabalho no dia seguinte, perderiam o emprego. A maior parte dos negócios na Eritreia é dirigida pelo governo, que é muito exigente. Geralmente, um único atraso pode resultar em demissão. Algumas pessoas estavam com medo e chateadas, porque nunca tinham sido presas. Tentamos encorajar uns aos outros e oramos até tarde da noite, quando a polícia nos deu uma forte advertência para pararmos de nos reunir e, então, nos liberou. Ainda assim, a maioria continuou a participar dos cultos como antes.

Mesmo tendo sido presa por duas vezes, eu estava determinada a seguir em frente com meu ministério. Frequentemente ia ao hospital para conversar com os doentes e falar sobre o evangelho. Cerca de um mês depois de minha segunda prisão, fui ao hospital, como fazia rotineiramente, e uma das enfermeiras veio me cumprimentar:

— Helen, ele está aqui de novo.

Todos no hospital sabiam exatamente sobre quem ela estava falando. Havia um homem muito conhecido por visitar a UTI e esperar pela morte das pessoas. Depois disso, ele comprava caixão para elas. Era um homem de negócios muito rico que vivera por anos nos EUA. Ele dizia que fazia isso por caridade. Ainda assim, era algo bem estranho, porque existem pessoas muito pobres na Eritreia, e ele poderia ser mais útil comprando remédios para elas. Os mortos não se importavam se tinham caixões ou não! As enfermeiras já tinham tentado explicar isso diversas vezes, mas o homem se recusava a dar atenção, por isso as pessoas acreditavam que ele sofria de algum problema mental ou pertencia a um desses grupos que cultuam a morte e participam de "rituais de morte". As enfermeiras tentaram fazê-lo parar e ir embora, porque ele chateava os pacientes e os familiares, que sabiam que ele estava ali, esperando até que alguém morresse.

Quando eu soube que ele estava na UTI, como era seu costume, entrei ali e comecei a conversar com ele sobre o evangelho, mas o homem não me deu ouvidos e começou a gritar:

— Você não tem direito de falar comigo sobre isso! Como você ousa me humilhar desta maneira na frente das pessoas?

Ele aproximou seu rosto do meu e resmungou na minha cara, cuspindo para todos os lados, com os olhos quase saltando para fora da cabeça. Comecei a questionar se ele tinha algum problema de sanidade. As enfermeiras foram forçadas a chamar a segurança, e os guardas tentaram acalmá-lo.

— Ela é apenas uma jovem. Que mal ela pode fazer a você? Você não deveria gritar assim com ela — diziam.

Só que ele não ouvia e continuava gritando:

— Levem-na para a delegacia! Ela está me humilhando e quero que seja presa.

O homem estava tão bravo que os homens decidiram que seria melhor que realmente chamassem a polícia. Então, a polícia veio, e fomos conduzidos em uma viatura até o Sexto Posto Policial. Fiquei preocupada com o comportamento daquele homem. Ele parecia descontrolado, e eu me sentia desconfortável por estar tão perto dele no carro. Quando chegamos, senti um alívio por poder deixar a viatura. Os dois policiais que nos vieram buscar no hospital nos levaram a uma pequena sala de interrogatório, e o diretor da delegacia nos interrogou sobre o motivo de estarmos ali.

— Ela me humilhou na frente de todo mundo no hospital. Quero que você a prenda! — respondeu o homem.

Só que o policial já tinha ouvido falar sobre o homem, de modo que perguntou o que ele fazia para viver. O homem mentiu e disse que era um fazendeiro.

Em seguida, o policial perguntou com bom senso:

— O que um fazendeiro faz na UTI de um hospital?

O homem fez cara de indiferente e disse que ajudava as pessoas comprando caixão para elas.

Eu retruquei:

— Se você quer ajudar as pessoas, por que não compra remédios para elas? Você deve ter algum outro motivo para comprar os caixões.

Ele perdeu a razão de novo e começou a tremer de raiva. O policial percebeu que o homem ficaria violento outra vez; então, o mandou para casa e me manteve na delegacia.

O policial me perguntou:

— Onde é que ele consegue dinheiro para comprar os caixões?

— Se você está preocupado em como ele consegue o dinheiro, por que o deixou sair? Como posso saber de onde vem o dinheiro? Você deveria perguntar isso a eles, não a mim — respondi ao policial.

Era óbvio que a polícia não sabia o que fazer. Eles deveriam ter prendido aquele homem, porque seu comportamento era perturbador, mas era mais fácil me prenderem, já que eu não causaria problemas. Então, fui algemada e confinada em uma solitária da delegacia.

Essa foi a primeira vez que realmente estive na prisão; esforcei-me para me manter calma, embora fosse muito difícil. A cela era pequena; havia espaço suficiente para que eu me deitasse no chão. Enquanto a porta se cerrava atrás de mim, contive um choro de pânico por estar em um lugar tão fechado. Era muito escuro, quente e quase sem ar. Escorreguei pela parede, encostando minhas costas nela, mas era difícil encontrar uma posição confortável. As algemas de metal mantinham meus braços pressionados às costas e pareciam apertar mais cada vez que eu movimentava minhas mãos. Meus dedos começaram rapidamente a formigar e a doer conforme o metal oprimia o braço. E o pior é que a estranha posição em que fui forçada a me sentar, e depois a me deitar, cortou a circulação do sangue. Logo comecei a sentir tontura e, quando olhei para minhas pernas no meio da luz fraca, percebi que minha pele começara a descascar por causa da desidratação no calor. Aquele primeiro dia parecia não ter fim, e, sem demora, perdi toda a noção de tempo.

Fiquei lá por vinte e quatro horas e sofri com dores a noite inteira. Ninguém veio me buscar ou me levar para o banheiro, e eu não conseguia reunir forças suficientes para fazer as necessidades ali mesmo na cela. Quando um guarda finalmente apareceu e me levou ao banheiro, ele ficou em frente à porta, e eu não podia trancá-la. Ele batia constantemente na porta me apressando. Depois, ele me levou de volta para a cela.

Permaneci ali por diversos dias. Eu passava vinte e quatro horas na cela e geralmente não podia sair para ir ao banheiro. Aí um policial me levava a uma cela para interrogatório. Eu me sentava lá e sentia meus olhos arder, porque tinha desacostumado das luzes e lutava para não escorregar até o chão, porque sentia minha cabeça girar. Minha família me trazia comida em uma vasilha de metal, mas os guardas sempre a despejavam em um saco plástico e a empurravam para dentro da minha cela; assim, eu tinha de comer do saco com as mãos.

Por fim, após onze dias, eles me tiraram da cela e me levaram para a corte judicial, onde aquele homem irado havia apresentado uma acusação contra mim.

Quando cheguei à corte, o homem já estava lá, uma vez que sua vizinha o estava processando! Ela reclamou que não conseguia dormir à noite ou de dia, porque ele a perturbava constantemente. Quando ouvi isso, tive certeza de que ele sofria de alguma doença mental. Quando o caso da vizinha foi encerrado, ele apresentou seu caso contra mim. Exigiu que eu me desculpasse não somente diante da corte, mas de toda a equipe do hospital e também de toda a congregação da minha igreja. Ele queria que eu admitisse que estava errada por ter falado do evangelho a ele e por tê-lo humilhado. Eu me neguei a fazer isso; então, fui levada de volta para a delegacia.

Dessa vez, entretanto, eles não me colocaram de volta na solitária, mas em uma grande cela com um grupo de mulheres. Fiquei feliz por estar em um lugar com luz e ar para respirar e apreciei a companhia das mulheres. Comecei a cantar para elas, o que ajudou a passar o tempo e nos manteve animadas. Mais tarde naquele dia, a polícia me levou de volta para a corte, mas o homem ainda não tinha mudado suas exigências irracionais, de modo que pedi para falar ao juiz em particular.

O juiz era um homem idoso com uma postura muito calma e me ouviu cuidadosamente conforme expliquei o que havia acontecido no hospital e como compartilhara com aquele homem sobre minha fé e minha vida. Eu queria que o juiz visse que eu só queria o bem daquele homem e que sua reação ao que eu havia dito era irracional. Quando terminei de falar, o juiz disse:

— Como você parece estar bem preparada para ajudar a outros, talvez me possa dar um conselho. Que tal? — ele explicou que tinha tido um problema com sua esposa e que isso o preocupava; então, o ouvi e tentei ajudá-lo da melhor maneira que pude. Ele não fez nenhum comentário sobre minha fé cristã, e não sei se ele era também cristão, mas, quando voltou para a corte, ele encerrou o caso a meu favor. Eu estava convicta de que Deus cuidara de mim e intervira para que eu fosse solta.

Durante um tempo, a vida na Eritreia foi mais pacífica, pelo menos superficialmente. A guerra tinha oficialmente acabado, mas ainda havia tensões entre os dois países, e nosso governo, dirigido pelo presidente Aferwerki, começou a se tornar mais rigoroso e menos tolerante. A imprensa privada foi fechada, e muitos acadêmicos foram presos, assim como pessoas proeminentes que faziam críticas ao governo.

Então, em maio de 2002, o governo baixou um decreto reconhecendo apenas quatro tipos de fé na Eritreia: a Igreja ortodoxa, a Igreja católica, o islamismo e as igrejas afiliadas à Igreja evangélica luterana. Todos os outros tipos de fé, mesmo as igrejas estabelecidas havia muito tempo e as denominações reconhecidas internacionalmente, como a presbiteriana, a batista e a metodista, as igrejas evangélicas autóctones e as pentecostais como a minha, precisariam de um novo registro. Enquanto o registro era providenciado, as igrejas estavam proibidas de realizar reuniões em seus templos. Eu era membro da Igreja Rhema, um grupo pentecostal. Embora nossos líderes tenham ficado tristes, confiaram que o governo cumpriria sua promessa de reabrir a igreja uma vez que ela tivesse sido registrada.

Entretanto, o governo não somente se recusou a registrar as igrejas, como começou a transmitir propagandas acusando os cristãos de aceitarem suborno de organizações estrangeiras como a CIA, de causarem descontentamento entre as pessoas e de criarem uma atmosfera favorável para a invasão estrangeira. Não muito tempo depois, o governo começou a prender pessoas simplesmente porque possuíam uma Bíblia e passou a invadir constantemente as casas das pessoas e os pequenos cultos, assim como encontros sociais entre cristãos. Chegou até a prender cristãos que eram donos de comércios. Muitos cristãos foram presos porque conduziam devocionais em família em sua própria casa, e as pessoas eram levadas de sua cama, de seu escritório e das ruas.

Eu estava chocada. Amava meu país e pensava que nosso governo só queria o melhor para a Eritreia, mas agora via que isso não era verdade. Como eles puderam prender pessoas trabalhadoras e obedientes à lei apenas por causa de suas crenças pessoais? A atmosfera em Asmara se tornou realmente opressiva. Qualquer um podia ser membro da polícia secreta; então, era difícil confiar nas pessoas. Um homem podia chegar em casa e descobrir que sua esposa tinha sido levada, ou uma mulher podia esperar em vão pelo retorno do marido do escritório.

Eu ainda escrevia músicas evangélicas e estava planejando lançar um álbum. Dediquei-me totalmente a escrever e a praticar e ainda liderei alguns estudos bíblicos em uma das igrejas ortodoxas que permaneceu aberta.

Alguns meses depois, em 2003, meu CD estava pronto. A Igreja Rhema tinha se tornado clandestina desde o fechamento do templo, mas ainda queria me apoiar e me ajudar a distribuir o álbum. Eu estava muito feliz com a possibilidade de minhas canções alcançarem um público maior e ajudarem a espalhar o evangelho. Realmente acredito que o medo e o evangelho não caminham juntos e estava determinada a continuar a fazer a obra de Deus, não importa o que acontecesse.

4
A prisão

Pouco tempo depois de lançar meu CD, alguns jovens pediram que eu liderasse uma classe de estudos bíblicos três vezes por semana na casa de um deles, e concordei em fazer isso. Nós nos encontrávamos no porão da casa, geralmente bem tarde da noite, em segredo. Eu sabia que era perigoso, mas estava determinada a cumprir a missão que Deus tinha me dado; então, estava pronta a assumir o risco de ser descoberta e punida.

Eu já ensinava ali por cerca de um mês e como sempre, na noite combinada, fui de bicicleta para a reunião. Já passava da meia-noite; então, eu não esperava encontrar muita gente nas ruas, mas enquanto colocava o cadeado na minha bicicleta percebi que dois homens, aparentemente jovens, conversavam em meio a sombras da esquina. Quando cruzei a rua, pude ouvir um deles dizer claramente:

— Com certeza é ela.

Enquanto entrava na casa e descia os degraus para chegar ao porão, eu me perguntava se deveria seguir em frente com a reunião ou não. Estava preocupada com o que aconteceria aos jovens se fôssemos descobertos, mas, assim que vi os rostos ansiosos do grupo, entendi que Deus queria que eu ficasse ali.

Naquela noite, havia 15 jovens espremidos no pequeno porão de pedra, e dentre eles destacavam-se duas adolescentes. Quando comecei a contar a história bíblica, um grupo enorme da polícia secreta invadiu o lugar sem aviso e arrombou a porta do porão. Eram tantos homens que não dava nem para contá-los. Havia um forte cheiro de álcool, e percebi que muitos deles estavam bêbados. Começaram a nos bater com bastões e chicotes de borracha e até com as próprias mãos. Fui atingida na cabeça e nas costas por vários golpes enquanto me encolhia no chão de pedra. Nós nos juntamos e nos apertamos na tentativa de proteger as duas garotas que se agacharam no centro de nosso grupo, mas a polícia não teve misericórdia.

Senti os dedos de um dos policiais apertarem forte o meu braço a ponto de me machucar, e aí ele me arrastou para longe dos meus amigos escadas acima. Ele andava tão rápido que eu não conseguia colocar os pés no chão, e minhas pernas arrastavam contra os degraus de pedra, o que me causava imensa dor. A casa tinha sido virada de ponta-cabeça. As prateleiras tinham sido derrubadas, e os livros e CDs estavam espalhados por todo o chão. O policial que me arrastava pisoteou com força um dos CDs até os cacos da capa brilharem espalhados pelo chão.

Enquanto ele me empurrava para fora, vi a dona da casa encolher-se no canto com os olhos cheios de medo. Depois soube que eles invadiram a casa, gritando:

— Onde está a cantora? Vamos executá-la!

A anfitriã respondeu corajosamente que não conhecia nenhuma cantora, mas eles vasculharam a casa e encontraram duas cópias do meu CD e um DVD com o filme que eu tinha feito com o Yonas. Os homens sacudiram esses objetos na cara da dona e disseram:

— Vamos atirar nela quando a encontrarmos!

Então, procuraram por toda a casa até encontrarem a porta do porão. Os dois jovens que eu tinha visto na esquina devem ter contado à polícia onde eu estava ou talvez fossem eles mesmos da polícia secreta.

Havia um caminhão estacionado em frente à casa, e o policial me arrastou até a minha bicicleta e ordenou:

— Coloque-a no caminhão! Agora!

Minhas mãos tremiam enquanto eu encaixava a chave no cadeado e tirava a corrente, mas consegui rodar a bicicleta até o caminhão e tentei erguê-la. Só que as lonas que ficavam nas laterais eram muito altas, e eu teria de levantar a bicicleta acima da minha cabeça para colocá-la no caminhão. Tentei, mas eu não era forte o suficiente. Meus braços tremiam enquanto eu me esforçava, e a bicicleta acabou no chão. Ouvi outro homem saindo da casa por trás de mim e então senti novamente uma terrível queimação por toda a parte traseira da minha perna: o policial havia me acertado com o chicote mais uma vez.

— Vamos logo com isso! Você está desperdiçando nosso tempo.

Os outros começaram a fazer chacotas, e uma chuva de golpes foi desferida contra mim da cabeça aos pés. Isso só piorou as coisas: eu simplesmente não conseguia erguer a bicicleta. O primeiro policial perdeu a paciência e ele mesmo levantou a bicicleta e me empurrou rudemente para dentro do caminhão.

Chegamos rapidamente ao Sexto Posto Policial, e, assim que saí do caminhão, fui empurrada até uma grande cela. A ronda estava sendo feita por uma mulher, e, enquanto eu era atirada dentro da cela, ela arrancou com força o *gabi* (manta tradicional branca) que eu estava vestindo sobre os ombros e zombou:

— Veja como se sai passando frio.

Já passava das 2 horas da madrugada, e a cela estava lotada de mulheres. Uma moça no canto usava um vestido apertado e saltos altos. Estava jogada na parede e parecia dormir o sono dos bêbados. Ao lado dela havia duas garotas com roupas sujas e rasgadas. Elas estavam descalças, e imaginei que eram moradoras de rua. A mulher que estava ao meu lado se apresentou:

— Meu nome é Zula — ela sorriu e notei que o batom vermelho de seus lábios estava sujo.

— Por que você está aqui? — perguntei.

— Prostituição. E você? — ela respondeu sem vergonha alguma e fazendo cara de indiferente.

Expliquei o que tinha acontecido e mencionei que era cantora. Ela bateu palmas alegremente e disse:

— Você poderia cantar para nós?

Zula me explicou que as mulheres nas celas formavam uma mistura de prostitutas, ladras, mulheres de rua e dançarinas noturnas. Cantei para elas.

De tempos em tempos, os guardas me levavam para os interrogatórios. Enquanto andava em frente às celas, encontrei prisioneiras que me reconheceram de minha última passagem pela prisão e gritaram:

— A cantora está de volta! Não se esqueça de cantar para nós.

Eu já estava ali havia quase uma semana. De repente, quando eu cantava novamente para as outras prisioneiras, dois guardas, um homem e uma mulher, abriram a cela e ordenaram que eu saísse. Uma das prisioneiras, uma mulher chamada Almaz, levantou-se e veio comigo.

A guarda olhou com desdém e disse:

— Eu chamei a Helen.

Almaz desafiou a guarda e respondeu:

— Sim, e eu estou indo junto com a Helen.

Era tarde da noite, e eles nos levaram para fora e nos fizeram ajoelhar na grama molhada e lamacenta. Como a guarda tinha tomado minha manta, eu só estava vestindo a camiseta e a calça *jeans* com as quais eu havia sido presa. Embora fosse maio e uma estação quente, fazia muito frio à noite, e, em alguns instantes, comecei a tremer. Imediatamente, Almaz tirou o colete que estava usando e o deu para mim. Depois percebi que todas as vezes em que estive presa, alguém sempre cuidava de mim, e creio que Deus estava cuidando para que eu não ficasse sozinha.

A guarda se inclinou e beliscou com força meu nariz entre seus dedos. Ela me arrastou pelo nariz, suspirando:

— Pare de cantar! — Meus olhos lacrimejavam com a dor.

Assim que a guarda me soltou, os dois homens começaram a me interrogar. Eles queriam saber tudo sobre minha família, minha casa, meu trabalho e minhas crenças. Quando terminei de responder a todas as perguntas, eles nos deixaram ali no frio. Ficamos lá fora por quatro horas, o tempo todo de joelhos, até que finalmente nos levaram de volta para a cela.

Na manhã seguinte, fui enviada ao interrogador oficial. Todas as prisões na Eritreia possuem um; apesar disso, os guardas e os diretores da prisão também podem interrogar. O trabalho de um interrogador oficial é conduzir uma entrevista classificatória inicial. Nesse estágio, o interrogador quer coletar o máximo possível de informações do prisioneiro; então, geralmente é muito educado.

A prisão

Meu interrogador falava calmamente. Queria saber tudo, desde onde se localizava meu salão de beleza até quais eram meus planos futuros. Quando ele perguntou sobre minhas crenças religiosas, eu disse que estava disposta a morrer por minha fé.

Depois do interrogatório, eles não me conduziram de volta para a cela. Em vez disso, eles me levaram para fora e me fizeram subir em um caminhão militar com algumas outras prisioneiras que seriam transferidas. Ouvi o nome *Adi Abeito* e fiquei horrorizada. *Adi Abeito* é uma prisão militar muito conhecida, reservada para soldados e equipe militar. Por que me levariam para lá, já que eu era uma civil?

Aguentamos os solavancos da viagem até o subúrbio da cidade. Eles pararam em frente aos portões da prisão. Decidi que não mostraria medo e orava silenciosamente. Ordenaram que nos alinhássemos e tirássemos os sapatos. Aí eles nos forçaram a entrar com os pés descalços para nos humilhar. O cascalho de areia e pedras pontiagudas cortava nossos pés. Era evidente que queriam nos humilhar desde o início de nossa chegada. Na recepção, fomos levadas uma a uma para sermos interrogadas, e, depois de tudo, os guardas me levaram para dentro.

Eu estava esperando no mínimo uma cela. Quando me guiaram pela recepção da prisão para dentro do complexo principal durante o dia, fiquei impressionada. Na minha frente, havia paredes de metal amassado que formavam algo semelhante aos alojamentos do exército, e era ali que os prisioneiros ficavam. Conforme andávamos por entre um dos corredores, notei que havia centenas de prisioneiros ali, todos subnutridos e vestindo roupas surradas. O sofrimento deles estava gravado no rosto. O corredor estava dividido em dois ambientes menores, com duas pequenas celas para o confinamento de solitária e um espaço para o guarda que estivesse em serviço. Embora os prisioneiros tivessem sido levados para uma cela específica, a maioria era livre para andar por ali, pois as portas não eram trancadas.

Conversei com alguns prisioneiros de uma das celas, e eles me disseram que estavam tentando fugir para a Itália, mas foram capturados em Malta e deportados para a Eritreia. Havia um homem em particular que tinha problemas no coração e sofria de diarreia. Por causa disso, geralmente dormia no corredor.

Era difícil ficar nessa prisão, porque havia muitos doentes. Descobri que era impossível dormir à noite, por causa das pessoas que tossiam e vomitavam, e eu sentia que devia ajudá-las a se limpar. O homem no corredor precisou de ajuda para ir ao banheiro, porque estava fraco demais para ficar de pé sozinho, e durante o tempo em que eu estive lá ele recebia medicamento intravenoso. Só havia um médico para a prisão inteira, e ele dormia durante a noite inteira; então, esse doente implorava que eu ficasse com ele. Consequentemente, eu quase não dormia. Assim, mesmo não tendo sido agredida fisicamente, a experiência como um todo foi uma grande tortura para mim.

Um dos homens era epilético. Era sempre colocado em uma das pequenas celas de confinamento solitário, mas a parte externa da parede de sua cela estava inacabada; portanto, quando tinha uma convulsão, deitado naquele lugar, ele derrubava as pedras da parede, que caíam sobre seu corpo e o feriam. Na solitária ao lado, eles colocavam um homem que chorava amargamente a noite toda:

— Por favor, estou sozinho, alguém pode me ajudar?

Era doloroso ouvir isso. Encontrei alguns cristãos em meu grupo; então, orávamos por esses homens, mas não tínhamos condição de ajudá-los nem conseguíamos dormir enquanto eles sofriam.

Informamos aos guardas que o homem epilético continuava se ferindo, de modo que eles o moveram para o corredor. Ainda não conseguíamos dormir, mas pelo menos eu podia sair e tentar protegê-lo quando ele sofria uma convulsão. Quando o levaram para fora, ele estava ferido e todo ensanguentado; então, o lavamos. O homem era muçulmano e não conseguia entender por que queríamos ajudá-lo. Contei a ele sobre minha fé e cantei para ele. Aos poucos, ele ficou curioso e quis saber mais sobre o cristianismo. Percebi que ele usava dois amuletos em seu cinto. Aí perguntei:

— Onde você conseguiu esses amuletos?

— Fui até um curandeiro antes de ser preso para tentar acabar com as convulsões. Ele me disse que eles me curariam, mas eu nunca deveria tirá-los.

Então, respondi:

— Jemal, esses amuletos não podem curar você. Somente a oração a Deus pode fazer isso.

Enquanto eu falava, Jemal teve uma convulsão; então, orei por ele. Fiz isso até que, por um milagre, ele concordou em retirar os amuletos. Eu os levei para longe e os queimei, mas seja lá o que estivesse dentro deles começou a exalar um cheiro horrível, e os guardas quiseram saber o que eu estava fazendo, o que me deu a oportunidade de explicar a eles que somente a oração pode curar uma pessoa, não amuletos de um curandeiro.

A saúde de Jemal começou a melhorar, e suas convulsões tornaram-se menos frequentes. Eu estava feliz, mas ele estava preocupado.

— Helen, se eles descobrirem que estou me sentindo melhor, vão me manter aqui, e quero ser libertado.

— Se você continuar confiando em Deus e for da vontade dele que seja solto, ninguém poderá impedir você de ir para casa.

Fiquei muito feliz ao saber que, pouco tempo depois, ele foi solto.

Um dia, os guardas trouxeram um homem muito bem vestido para nosso corredor e o trancaram sozinho em uma cela. Parecia um homem de negócios ou um banqueiro com aquele terno de costuras perfeitas; eu me perguntava quem seria. Tarde naquela noite, caminhei até sua cela e vi que ele estava tremendo porque não lhe tinham dado um cobertor. Fui direto até o posto do guarda e pedi permissão para dar ao homem meu cobertor. Quando lhe ofereci meu cobertor, o homem ficou muito agradecido e me disse:

— Eu estava aqui de férias. Trabalho para a Embaixada Saudita em Dubai, e, hoje, alguns homens invadiram meu quarto de hotel e me trouxeram para cá. Eles não me disseram o que fiz de errado para estar aqui.

Senti pena daquele homem, porque ele foi tratado duramente; então, tentei visitá-lo sempre que podia. Ele ficava algemado dia e noite, sofria terrivelmente com as pulgas que todos pegavam na prisão, especialmente porque não podia coçar as mordidas. Geralmente os guardas lhe davam comida enlatada, mas não removiam as algemas, portanto ele também não podia abrir as latas. Se eu não entrasse escondida na cela e abrisse as latas, ele ficava sem comer. Isso era muito arriscado para mim, já que sua porta ficava aberta por pouco tempo. Como seu caso era único, provavelmente ninguém sabia o que estava acontecendo com ele. Eles até o levavam ao banheiro à noite, enquanto todos dormiam; assim, ninguém ficava sabendo de nada.

As condições na prisão eram horríveis. Ela estava infestada de ratos e pulgas, e as acomodações eram muito simples. Não havia banheiros, somente um buraco aberto atrás da prisão. Então, quando certa noite sofri uma diarreia, um guarda teve de me levar para fora. Já passava da meia-noite, e as nuvens cobriam a lua. Enquanto eu andava, vi três formas humanas no chão. No começo, pareciam sacos de batatas ou ovelhas amarradas, mas, quando chegamos perto, vi que eram pessoas. Elas estavam contorcidas, com as mãos algemadas para trás e amarradas nos tornozelos. Pensei que estivessem mortas, até que as ouvi gemendo.

Chocada, falei sem pensar:

— O que eles fizeram? Terão de ficar ali a noite toda?

O guarda me apontou o buraco no chão onde ficava o banheiro e se recusou a responder. Depois perguntei para os outros prisioneiros sobre o que eu tinha visto, e eles disseram que era uma forma comum de tortura chamada de "posição helicóptero".

Permaneci na prisão militar por três semanas até que os guardas vieram a minha cela e me disseram que eu deveria reunir meus pertences, porque seria transferida. Eu me reuni com um pequeno grupo de cristãos, e eles colocaram todos nós em um caminhão militar. Perguntei à mulher que estava ao meu lado para onde iríamos:

— Eu ouvi um guarda dizer *Mai Serwa* — ela respondeu com a voz insegura.

Aquela era uma prisão muito conhecida — e também um campo militar —, reservada aos prisioneiros e criminosos mais perigosos, que passariam mais tempo encarcerados.

5
Mai Serwa

Mai Serwa fica localizada na área desértica fora da cidade. Não havia cerca de proteção ao redor da prisão — a terra era tão inóspita que poucos prisioneiros tentavam fugir. Vislumbrei o passado do lugar pelas histórias dos outros prisioneiros enquanto sacolejávamos pela dura estrada. Pensei que não tinha muito que fazer lá. Havia algumas construções pequenas feitas de tijolos de barro, que pareciam ser alojamentos militares, e um grande prédio que deveria ser o escritório principal da prisão. A maioria das construções na Eritreia é feita de tijolos de pedra, portanto aquilo parecia muito primitivo para mim.

Os guardas nos empurraram para fora do caminhão e nos entregaram aos responsáveis do lugar. Fomos levados para o prédio principal, onde os guardas de *Mai Serwa* fizeram uma revista corporal completa. Foi humilhante, mas decidi que eles não perceberiam que eu estava com medo. Estavam procurando armas, dinheiro e também Bíblias. É claro que, como estávamos chegando de outra prisão, já não tínhamos mais nada.

Eles nos alinharam e nos conduziram até o complexo principal. O lugar todo era seco e empoeirado, sem uma única árvore ou arbusto. Imaginei que as casas de tijolos de barro poderiam ser banheiros ou lugares para banho, mas não consegui ver nenhuma cela de prisão. Andamos por todo o campo e descemos o vale, onde encontramos diversos contêineres de metal, daqueles usados para transportar mercadorias para além-mar. Pensei: "Devem ser para armazenamento, mas onde estão as celas?". O terreno parecia muito grande, portanto presumi que nos levariam até o local onde ficavam as celas.

Estávamos enfileirados de pé, esperando pela próxima ordem, quando, de repente, vi um movimento estranho. Um dos contêineres que estava próximo de nós tinha na lateral um pequeno buraco do tamanho de uma cabeça, e pude ver pessoas nos espiando de dentro deles. Embora eu só pudesse ver parte do rosto delas, aparentemente havia ali um homem e dois garotos pequenos. Senti um arrepio correr pelo meu corpo. Os contêineres *eram* as celas.

Não conseguia parar de lembrar de um artigo de jornal que eu havia lido recentemente. Alguns fazendeiros encontraram um contêiner vazio e colocaram suas ovelhas dentro dele para passarem a noite, pensando que seria um lugar seguro para elas; entretanto, a temperatura caiu tanto à noite que o contêiner esfriou demais, e todas as ovelhas congelaram e morreram.

Um guarda ordenou que caminhássemos para a frente, e vi outro se esforçar parar abrir violentamente a porta enferrujada de outro contêiner. Esforcei-me para respirar profundamente, a fim de aproveitar o calor do sol no meu rosto e a sensação de espaço ao redor, porque não sabia quando poderia experimentar essas coisas de novo. Enquanto eu entrava no contêiner com as outras mulheres, a luz apagou-se abruptamente. Nós nos viramos a tempo de ver o guarda dar uma risada antes de empurrar as portas para dentro. Elas bateram juntas, fazendo um barulho enorme e deixando uma pequena faixa de luz. Então, o guarda se inclinou sobre as portas e colocou os ferrolhos no lugar. O ranger das peças era como um grito que irritava meus ouvidos. As portas se fecharam com um forte barulho final, e as correias de borracha finalmente nos aprisionaram no cubículo. Enquanto o ar irrompia para fora, a sensação era de que as paredes do contêiner nos pressionavam para dentro.

A única luz pura entrava sem força e com dificuldade por um buraco do tamanho da brochura de um livro, bem no canto da lateral do contêiner. A mulher que estava a meu lado entrou em pânico e se agarrou em mim com força. O contêiner não tinha mais de 6 metros, de modo que estávamos bem apertadas lá dentro. Havia 18 pessoas confinadas — o número máximo para que todos pudessem deitar-se. Embora eu não fosse claustrofóbica, era difícil permanecer calma em um lugar tão pequeno e apertado e com pessoas igualmente assustadas.

Senti uma coceira nas pernas e fui coçá-la; só que percebi que todos ao redor estavam fazendo a mesma coisa. Descobrimos rapidamente que o contêiner estava infestado de pulgas e piolhos, e, como ficara vazio por um tempo, os parasitas estavam famintos.

Eu não sabia o que era pior. As pulgas podem pular a distâncias surpreendentes e são muito rápidas para serem pegas. Os piolhos são lentos, mas para pegá-los você primeiro precisa encontrá-los. São muito bons para se esconderem na borda das roupas, mas, como não têm cor, não é possível vê-los, mesmo com boa iluminação. Em alguns minutos, todos nos coçávamos loucamente, o que torna a coceira ainda pior, já que ela fere a pele. Dentro de pouco tempo, era como se meu corpo inteiro estivesse queimando.

Conforme o dia clareava, o contêiner começava a esquentar, até que o calor se tornou quase insuportável. Várias mulheres começaram a reclamar de dores de cabeça. Havia duas adolescentes conosco que foram as mais afetadas pelo calor e pela falta de ar. Logo começamos a tirar algumas peças de roupa para tentar ficar mais frescas.

O contêiner era obviamente velho e possuía partes enferrujadas. Havia uma poça de água parada bem no canto. Não tínhamos permissão para usar o banheiro. Quando uma das mulheres pediu para usá-lo, o guarda trouxe por cima dos ombros um balde grande e colocou dentro do contêiner dando risadas.

Todas estavam deprimidas, e algumas das mulheres estavam bastante iradas. Elas me perguntaram o que deveríamos fazer, e eu sabia que estavam esperando que eu dissesse que deveríamos gritar ou bater nas paredes do contêiner para mostrar aos guardas que não iríamos tolerar aquele tratamento, mas me lembrei de uma passagem do livro de Richard Wurmbrand, *Torturado por amor a Cristo*, sobre como os cristãos, assim como os rouxinóis, não poderiam ser impedidos de cantar, mesmo que estivessem em cativeiro. Então, sugeri que cantássemos:

> Nós temos de louvar a Deus,
> a despeito das pulgas, a despeito dos piolhos, a despeito do calor.
> Temos de agradecer a Deus,
> a despeito das circunstâncias.

Então, comecei a cantar com aquelas mulheres, a orar e compartilhar a Palavra de Deus que eu havia memorizado.

Quando a noite chegou, a temperatura do contêiner caiu rapidamente. Só havia espaço suficiente para dormirmos lado a lado, mas o piso do contêiner alternava ripas de madeira e fileiras de metal, portanto não havia uniformidade. Além disso, o cubículo estava um pouco inclinado, de maneira que toda a condensação que gotejava do teto acumula-se em um canto escuro e enferrujado. Colocamos o balde-banheiro no canto, mas o cheiro era tão ruim, que tivemos de dormir em turnos para garantir que ninguém passasse a noite toda ao lado do balde ou da poça de água. O melhor lugar para dormir era perto do meio; então, deixamos as adolescentes e as mulheres mais velhas nesse espaço. Naquela primeira noite, passei muito frio e não consegui dormir quase nada, e, quando precisei usar o banheiro, tive de engatinhar com as mãos e os joelhos por cima das pessoas, já que estava escuro demais para ficar de pé e saber onde colocar os pés.

Lá pelas 5 horas da manhã, finalmente as portas do contêiner foram abertas, e os guardas ordenaram que saíssemos. Eu estava muito feliz por ver o céu cinza do amanhecer e respirar o ar fresco. Eles nos obrigaram a carregar o balde malcheiroso e nos levaram até um lugar aberto a mais ou menos uns 800 metros de onde estávamos. Não havia privacidade alguma, e eles nos disseram que aquele campo era nosso banheiro durante o dia e que deveríamos usá-lo naquele horário todos os dias. O balde devia ser usado durante a noite, e todas as manhãs tínhamos de levá-lo conosco para o campo e esvaziá-lo.

Enquanto nos alinhávamos para retornar ao contêiner, pude ver outras pessoas. Eram homens retirados de um contêiner ao lado do nosso sob a supervisão de um guarda. Ao olhar ao redor para os contêineres que nos cercavam, cerca de 20, calculei que, se cada um tivesse 18 pessoas, provavelmente haveria centenas de prisioneiros no campo. Aparentemente os homens e as mulheres estavam separados, em contêineres próximos uns aos outros, e a maioria tinha entre 20 e 30 anos de idade. Fiquei chocada ao perceber a quantidade de jovens presos ali, perdendo a juventude trancafiados em contêineres. Como isso poderia ajudar nosso país a crescer e florescer?

Um dos guardas me viu observando os outros e bateu com seu bastão atrás de minhas pernas.

— Não se preocupe em olhar para outros prisioneiros. Você tem tempo suficiente para olhar para sua própria condição — o guarda disse; em seguida, bateu as portas com força, nos trancou e saiu.

Depois disso, as mulheres ficaram iradas e chateadas e começaram a reclamar e a chorar. Tentei descobrir meios de encorajá-las e tornar a situação mais suportável. Incentivei-as a formarem um círculo e a se sentarem e comecei a falar com elas.

— Vocês se lembram de que as portas de Jericó vieram abaixo por causa dos louvores? Se continuarmos reclamando, não conseguiremos vencer. Em vez disso, temos de seguir em frente com oração, louvor e cânticos. Satanás quer usar palavras desencorajadoras como uma arma contra nós; então, devemos continuar a louvar a Deus em todas as circunstâncias.

Percebi que algumas das mulheres acenavam a cabeça em concordância e continuei falando:

— Quando os israelitas se aproximavam da terra prometida, enviaram espiões à frente. Muitos retornaram dizendo que os povos eram formados por gigantes e que os israelitas não deveriam crer que poderiam vencê-los. Então, choraram e reclamaram a noite toda, mas isso não resolve nenhum problema. Temos de ser como Calebe e Josué. Quanto maiores forem nossos inimigos, maior será o banquete que teremos após vencê-los. Apenas pense na mulher que sofria com o sangramento e acreditava que, se apenas tocasse a orla das vestes de Jesus, seria curada. No meio de toda a multidão, ela foi a única que teve fé e terminou recompensada por isso. Não podemos ser como essas pessoas que lutam eternamente consigo mesmas. Apenas temos de buscar Jesus e ter fé.

Isso ajudou a aceitarmos melhor nossa situação e também a criarmos o hábito de falar sobre a Bíblia, orar e cantar no contêiner todos os dias. Os guardas perceberam nosso movimento e começaram a nos espiar para descobrir sobre o que falávamos.

Certa manhã, enquanto cantávamos, ouvimos o ranger gritante dos ferrolhos sendo retirados. As portas foram totalmente abertas, e três guardas muito bravos se colocaram na entrada.

— Quem está cantando?

Algumas mulheres estavam com medo e disseram que não tinham cantado; então, os guardas as deixaram no contêiner. As que admitiram ter cantado, inclusive eu, foram levadas. Os guardas nos fizeram tirar os sapatos e andar pelo campo. O chão era arenoso, e havia muitas pedrinhas pontiagudas que cortavam os nossos pés. Então, eles nos fizeram agachar o quadril e pular para a frente como se fôssemos sapos. Essa é uma brincadeira de criança muito comum na Eritreia, e muito difícil de fazer, principalmente com os pés descalços no cascalho. Algumas mulheres se saíram bem, mas eu nunca tinha brincado disso quando criança, por isso não conseguia manter o equilíbrio. Um dos guardas gritava para mim seguidamente: — Pule! —, mas eu sempre caía, até que ele me bateu com o bastão e disse:

— Já que você não consegue ficar de pé, rolará deitada — ele me obrigou a deitar de lado e a rolar pelo cascalho.

Depois de terminarem de nos torturar, eles pediram que cada uma de nós dissesse que nunca mais iríamos cantar.

Interpretaram nossa recusa em desistir de nossa fé como uma deslealdade ao país, agora que o governo a tinha declarado ilegal. Minha resposta foi:

— Sou uma cantora; então, não posso desistir de cantar. Vou cantar serenamente para não perturbar as outras prisioneiras, mas não vou parar.

Talvez metade das mulheres também se recusou a parar. Os guardas nos deixaram voltar para o contêiner por cerca de uma hora. Aí, lá pelo meio-dia, chamaram-nos outra vez. Bateram nas costas de uma mulher com um bastão na frente de todas para nos ameaçar, e ela ficou gravemente ferida. Aos poucos, com medo ou vencidas pelas torturas, as mulheres decidiram parar de cantar, e os guardas permitiam que voltassem para o contêiner. Ao final, restaram somente três de nós lá fora.

Os guardas ordenaram que nos ajoelhássemos no cascalho e trouxeram três pedras, uma mais pesada que a outra. Cada uma de nós tinha de segurar uma pedra sob a cabeça; de modo que fazíamos isso por turnos, alternando entre as maiores e menores. Uma das mulheres estava doente, e todas as vezes que levantava uma pedra não parava de vomitar. Peguei sua pedra e pedi que o guarda desse um pouco de água a ela, mas ele somente riu e disse:

— Você está doente porque está grávida?

Não havia sentido no que estávamos fazendo; eles queriam apenas nos causar dor e nos humilhar.

Ficamos ali até tarde da noite; então, pudemos entrar. Entretanto, começamos a cantar novamente assim que eles fecharam as portas. Eles nos deixaram em paz durante a noite e, lá pelas 10 horas da manhã, chamaram cinco de nós para fora outra vez, inclusive uma das adolescentes. Eles nos fizeram deitar no chão eretas e amarraram nossas mãos com muita força atrás de nossas costas. Aquilo fez parar a circulação do sangue, e nossas mãos ficaram azuis. Fiquei tonta e pensei que iria desmaiar. Então, nos desamarraram e nos questionaram se iríamos parar de cantar. Quando nos recusamos, eles nos amarraram outra vez.

Os guardas repetiram o procedimento o dia inteiro. Ao anoitecer, eles nos deixaram fora do contêiner, amarradas e espalhadas por diferentes lugares, de modo que não podíamos consolar umas às outras. Isso durou até às 2 horas da manhã, quando nos permitiram entrar no contêiner. Os três guardas riam de nós sem parar. Não conseguíamos acreditar em como estavam nos tratando.

Uma das mulheres comentou comigo:

— Eles próprios não têm mãe nem esposa? Não consigo entender como podem tratar as mulheres desse jeito.

Ao orar juntas, com muita gratidão, pudemos esquecer nossos problemas por alguns instantes e buscar forças em nossa fé.

Fiquei presa por mais ou menos um mês. Certa tarde, quis ouvir o rádio. Estava curiosa para saber o que acontecia no mundo lá fora. Eu sabia que as pessoas que estavam no contêiner em frente ao nosso tinham um pequeno rádio; então, olhei pelo buraco para tentar atrair-lhes a atenção. Infelizmente, um dos guardas me viu. Ele me tirou do contêiner, amarrou-me e me bateu. Depois me forçou a sentar com as mãos amarradas nas costas até o fim da tarde. Começou a chover, e logo eu estava ensopada e congelando de frio. Finalmente, quando o guarda me deixou entrar, minhas mãos estavam inchadas, e eu mal conseguia falar. As garotas me massagearam para que a circulação voltasse e me mantiveram quente enquanto eu dormia.

Na manhã seguinte, eu ainda me sentia mal quando fui ao banheiro, mas, assim que retornei ao contêiner, o guarda me amarrou de novo e me deixou do lado de fora estendida no chão. Os outros guardas da prisão gritaram entre si das torres de vigia:

— O que aconteceu com ela? Ela estava lá ontem!

— Ela parece com Jesus Cristo na cruz — zombou um deles.

Mais tarde naquele mesmo dia, o guarda me levou a um interrogador. Respondi a todas as perguntas, mas ele ainda não se satisfez. Deslizou um papel pela mesa que nos separava.

— Helen, por que é tão difícil para você fazer isso? Tudo o que quero é que você pare de cantar. Você não deveria seguir essa nova fé; deveria voltar para a religião de seus pais.

Então, respondi:

— Mas eu sigo a fé do meu pai. Meus pais acreditam na Bíblia, e eu também. Eu não sigo nenhuma religião nova. Esta é a mesma Bíblia que meus avós liam em g*eez* (a língua da igreja na Etiópia). A única coisa que mudou é que a Bíblia está agora na língua do povo.

O homem bateu uma caneta no papel e disse:

— Leia isto, Helen.

Era um documento dizendo que eu deveria parar de crer e nunca poderia mais pregar, cantar, louvar ou propagar o evangelho. Havia um espaço no fim da página para que eu assinasse. Olhei para o homem firmemente.

— Não vou assinar nada.

Eu sabia que, ao me recusar a assinar o documento, estava me condenando a permanecer presa por um longo tempo, talvez até a morte, mas não podia desistir do meu Deus.

O interrogador insistiu:

— Tudo o que você precisa fazer é desistir de ser cristã, e deixaremos você sair. Apenas diga que fará isso e confiaremos em você.

Só que eu me recusei novamente, e, então, ele me enviou de volta para o contêiner para que eu pegasse minhas coisas. Acho que ele pensou que eu fosse uma má influência para as outras presas no contêiner e que eu não o desafiaria se ele me colocasse em condições piores. Então, os guardas me levaram a um contêiner que tinha apenas duas outras mulheres: uma que fora capturada tentando fugir pela fronteira com o Sudão, e outra que sofria de uma doença mental. Aquele seria meu pior período na prisão.

6
Melmesi

Passei dez meses no contêiner com a mulher louca. Depois descobri que ela tinha vivido nos EUA, mas, quando ficou com uma doença mental, seus amigos a enviaram para casa na Eritreia, pensando que ela ficaria melhor sob os cuidados da família. Ela era cunhada de um general de alta patente do exército eritreu e viveu com ele e com sua família até que tentou matá-lo com sua própria arma. Por causa de sua posição no exército, ela foi presa, e, embora ainda fosse jovem, o estresse de sua situação fez seu cabelo ficar completamente cinza.

Apesar de sentir compaixão por aquela mulher, era muito difícil conviver com ela. Ela começava a falar e a chorar sem parar. Geralmente fazia isso o dia inteiro e a noite toda, já que não dormia muito. Ela xingava e insultava os guardas pela pequena janela e, às vezes, atirava-se contra as paredes para balançar o contêiner ou tentava fechar a janela com seu cobertor, cortando nossa única entrada de ar. No começo, ela ficava quieta, mas aos poucos os guardas colocaram em nosso contêiner todas as cristãs que se recusaram a abandonar sua fé; então, a instabilidade da mulher aumentou. Às vezes, eles colocavam 19 pessoas no contêiner, mas havia espaço suficiente para somente 18 pessoas se deitarem; portanto, na maioria das noites não conseguíamos dormir. Depois que a desequilibrada tentou me estrangular, alguém precisava ficar acordado de olho nela, já que ela geralmente atacava durante a noite, quando a vela se apagava e ficava muito escuro para conseguirmos nos apartar dela. Duas garotas que estudavam no colégio militar da Eritreia e que tinham sido pegas orando foram levadas para o contêiner e me perguntaram se aquilo era uma prisão ou um hospital psiquiátrico.

Certa manhã, nós todas nos levantamos para orar, e um guarda me viu liderando o estudo bíblico. Ele me algemou e me levou para fora do contêiner no momento mais quente do dia. Lá pelas 4 horas da tarde, um dos diretores da prisão apareceu.

— Ah, Helen. Vejo que você está encrencada de novo. O que fez desta vez?

Expliquei que não conseguíamos dormir por causa da mulher louca e, então, estávamos consolando umas às outras pela oração, já que nossa situação era insuportável. Ele olhou para mim, irado.

— Você está muito mimada, Helen. Pensa que está de férias?

— Como posso estar mimada? Veja a vida que eu levo, a comida que como e os espancamentos que sofro!

Então, o homem começou a me perguntar sobre a mulher louca:

— Você acha que ela está realmente doente? Ela poderia estar fingindo para poder ser solta.

Fiquei chocada com o fato de ele duvidar da mulher.

— É óbvio que ela está muito doente. Às vezes, fica sem comer por três dias e não consegue dormir. Nem mesmo um ator excelente conseguiria representar assim por tanto tempo.

O guarda simplesmente fez cara de indiferente e me deixou voltar para o contêiner.

Emagreci muito durante os meses que passei na prisão junto com aquela mulher louca. Eu não conseguia dormir o suficiente, e meu corpo não lidou bem com isso. Os guardas zombavam constantemente de quão magra eu tinha ficado. Minha irmã trabalhou para o Ministério da Defesa e pediu permissão ao general para me visitar. Ela trouxe minha filha, Eva, para uma visita rápida, e fiquei muito feliz por vê-las pela primeira vez desde que tinha sido presa. Entretanto, quando elas viram quão doente eu parecia, ambas irromperam em choro.

— Minha mãe vai morrer? — Eva chorava perguntando. Eu não conseguia responder, porque muitas pessoas morrem nas prisões eritreias.

No final daquele primeiro ano, o diretor-geral de todas as prisões da Eritreia veio discursar para os prisioneiros. Ele inspecionou os contêineres e, então, apontou com a cabeça para o nosso. Disseram a ele que eu era cristã, e ele fungou o nariz com desprezo, chamando-me de *melmesi*, um rótulo que os políticos nos deram. A melhor tradução que posso fazer para esse termo é algo como "fracassados", sugerindo que não éramos bons para nada. Revoltada, exigi falar com o diretor. Embora os guardas tivessem me ordenado a ficar em silêncio, no final me levaram até o escritório do diretor da prisão.

— Por que você diz que os cristãos não são bons para nada? Eu tinha meu próprio negócio e até contratei pessoas para me ajudar; então, eu estava ajudando, não prejudicando, a sociedade. E, se nós somos tão inúteis, por que vocês treinam cristãos nos campos militares?

Ele me olhou como se não pudesse acreditar que uma prisioneira ousasse falar com ele daquela maneira; então, bateu com os dentes, dizendo:

— Em nosso exército, não temos pessoas como você.

— Então, como conheço muitos cristãos que foram mortos ou ficaram feridos na guerra? Dizer que isso não é verdade é um insulto àqueles que deram a vida por nosso país. Eu sei que no exército, se você precisa de um tesoureiro, procura entre os cristãos, porque eles são dignos de confiança. Se somos inúteis, por que vocês nos dão responsabilidades?

Não esperei para ouvir a resposta e prossegui:

— Se somos livres para acreditar em qualquer coisa ou não acreditar em nada, por que você me ataca por eu exercitar meu direito de escolha? Você preferiria que aqueles jovens estivessem bebendo e começassem a brigar, ou que eles fossem éticos e trabalhadores, já que é isso o que os cristãos fazem?

O homem perdeu a paciência e começou a disparar insultos contra mim; depois acendeu um cigarro e me expulsou do escritório. Eu sabia que estava assumindo um grande risco ao desafiá-lo, mas queria defender minha fé.

Na verdade, todas as coisas na prisão eram arriscadas. Os guardas não gostavam quando falávamos algo ou fazíamos perguntas. Era mais arriscado ainda espiar de dentro do contêiner o que acontecia lá fora. Os guardas ficavam irados quando nos viam manifestar interesse por qualquer coisa que estivesse acontecendo, mas eu continuava curiosa com o que se passava no mundo lá fora.

Certa ocasião, um guarda me pegou espiando pela abertura no contêiner e me arrastou para fora. Ele me socou e me chutou repetidas vezes. Um dos médicos estava distribuindo remédios e me deixou abismada ao pedir ao guarda que parasse de bater, pois a única coisa que eu havia feito era olhar para fora do contêiner. O guarda ficou com tanta raiva do médico que questionara sua autoridade que me arrastou ao redor dos alojamentos dos guardas e depois socou sem misericórdia todas as partes do meu corpo. Eu não falei nada, apenas me mantive olhando seu rosto enquanto ele me agredia. Ele me algemou e me deixou lá até o anoitecer, quando um dos diretores da prisão passou por ali e perguntou o que eu tinha feito de errado.

— Não posso dizer que problema causei. Por que você não pergunta ao homem que me espancou por que ele fez isso? — respondi.

O diretor chamou o guarda, que mais tarde veio falar comigo.

— Por que você não disse a ele o que aconteceu? — o guarda perguntou.

— Cabe a você dizer o que fez comigo e por quê. Eu não vou mentir sobre você. Tudo o que peço é que, se você me agredir de novo, use o bastão para fazê-lo da maneira correta. Sou uma mulher, e você não deveria ter batido em mim usando as próprias mãos.

O guarda me deixou ir embora, mas eu tinha apanhado tanto que não menstruei pelos quatro meses seguintes. As outras prisioneiras me encorajaram a contar isso a um dos médicos, mas não faria diferença alguma. Esperei o Senhor me dizer quando eu deveria falar, mas, até que eu tivesse certeza da parte de Deus, não diria nada. Todos falam a mesma língua na prisão. Toda a equipe de carcereiros está jogando no mesmo lado. Se eu fosse ao médico e relatasse o que o guarda tinha feito comigo, ele me diria para desistir da minha fé para ser solta. Cuidaria dos meus ferimentos, mas me diria que eu tinha recebido o que merecia, porque havia escolhido ficar na prisão ao manter minha fé.

Na prisão, eles fazem tudo o que é possível para acabar com nossa dignidade, para que nos sintamos menos que humanos. Geralmente eles colocavam tanto sal na comida que não era possível comê-la e, se alguém reclamasse, diziam que devíamos tomar mais água. A comida na prisão era quase sempre um mingau sem gosto algum. Durante muito tempo, tomamos sopa de lentilhas, na verdade água quente com algumas lentilhas espalhadas. Na maioria das vezes, eles nos davam pão e chá, de modo que nossos dentes sofreram muito, já que não recebíamos os nutrientes necessários. Se uma de nós tivesse diarreia, o que acontecia com frequência, e pedisse para ser levada até o campo-banheiro, os guardas se recusavam e faziam a pessoa usar o balde.

Certo dia, pedi para ir ao campo-banheiro, e os guardas pensaram que eu planejava fugir. Então, eles me observaram com binóculos enquanto eu usava o banheiro, e fiquei muito envergonhada quando um dos guardas me disse que haviam feito isso assim que retornei. Outra manhã, demorei um pouco mais que o de costume e, quando voltei, um dos guardas me parou e começou a fazer perguntas.

— Por que você demorou tanto tempo? Não há nada lá para olhar nem flores para colher.

Ele estava certo. Era um campo de terra cheio de pedras e lotado de dejetos humanos. Até os diretores da prisão tinham de usar aquele lugar, pois não havia uma construção específica para isso.

Certa manhã, espalhou-se um rumor de que eu tinha dinheiro e iria distribuí-lo; então, os guardas me vigiaram de perto outra vez. Eles vasculharam todos os lugares, até dentro do saco plástico que usávamos para colocar o lixo. Às vezes, eles me observavam quando eu saía do contêiner para coletar água ou usar o banheiro. Passei a ir ao banheiro apenas uma vez por dia, em vez de duas. Comecei a ficar pálida, principalmente nos olhos, porque não tomava sol suficiente. O médico disse que eu deveria sair mais e fazer exercícios. Então, comecei a me exercitar por uma hora todos os dias dentro do contêiner. Os guardas não gostaram, porque quando eu corria, mesmo que levemente, o contêiner fazia barulho e geralmente as outras mulheres se juntavam a mim.

Aos poucos eles mudaram as pessoas de lugar, até que um dia só havia oito pessoas no meu contêiner. A mulher louca tinha sido transferida; então, estávamos dormindo bem melhor. Era o período do ano-novo europeu (temos duas celebrações de ano-novo na Eritreia), e chegaram muitos novos prisioneiros, tantos que encheram cinco contêineres com homens e dois com mulheres. Os guardas nos advertiram de que, quando fôssemos para o banheiro, não deveríamos sequer olhar para os recém-chegados.

Eles interrogaram novamente cada prisioneiro e terminaram de fazer isso pelo meu contêiner. Eu era a única cristã ali, e eles me interrogaram com tanto rigor que eu parecia ser uma nova prisioneira também. Era sempre difícil para mim quando novos prisioneiros chegavam, porque os guardas me usavam como exemplo. Eles me torturavam na frente das novas pessoas com a finalidade de assustá-las, para que se comportassem bem. Dessa vez, após meu interrogatório, eles me transferiram para um novo contêiner, que já tinha 18 cristãs que se recusaram a desistir de sua fé.

Nós estávamos aglomeradas, mas fiquei feliz por me juntar a um grupo cristão outra vez. Como eu era a prisioneira que estava havia mais tempo ali, assumi a liderança. Queria ajudá-las o máximo que podia, porque sabia que elas seriam consoladas pela ideia de que alguém cuidava delas. Eu dobrava os cobertores das mulheres mais velhas quando elas saíam para ir ao banheiro pela manhã e ficava por último para limpar o contêiner. Muitas estavam preocupadas com o marido e os filhos; então, eu tentava mantê-las ocupadas e estabelecer uma rotina. Começava preparando café da manhã. Nessa época, ganhávamos quatro pães por dia, dois pela manhã e dois à tarde, com aquela sopa rala de lentilhas e um copo de chá. Então, eu liderava uma meditação bíblica e cantava. Um mês depois de estar presa, tive de contrabandear uma Bíblia. Não posso dizer exatamente como consegui isso, porque as pessoas ainda usam esse método, e é importante que as autoridades não descubram como é feito, mas posso dizer que era uma Bíblia inteira dividida em cinco pequenas partes. A divisão tornava mais fácil esconder o livro. Antes eu só a lia sozinha, mas agora tínhamos grupos de leitura todos os dias. Eu também cantava músicas novas que havia composto na prisão para o grupo.

Era uma experiência incrível compartilhar minha prisão com outras pessoas que também estavam presas por causa de sua fé. Entretanto, havia cristãos de cinco denominações diferentes em um contêiner, por isso frequentemente discordávamos de algumas coisas. Por exemplo, uma das mulheres pertencia a uma igreja cristã ortodoxa. Era uma cristã muito tradicional. Contei uma piada durante meus ensinamentos bíblicos, e ela discordou da minha atitude, por isso começou a orar e a adorar sozinha. Ela até comia sozinha. Achei incrível que, mesmo presa em um contêiner, ela não queria ter comunhão com cristãos que considerava mundanos demais! Outras mulheres começaram a discutir sobre como orávamos. Algumas preferiam orar em silêncio, enquanto outras oravam em voz bem alta, e, em um espaço tão pequeno como aquele, era fácil perceber por que isso era um problema.

Eu precisei lembrá-las de algo:

— Não estamos em nossas igrejas agora. Podemos fazer o que quisermos dentro de nossas igrejas, mas aqui temos de tolerar as diferenças. Se continuarmos a brigar, talvez eles nos coloquem em prisões subterrâneas nas montanhas; então, temos de ser gratas por nossa liberdade para adorar juntas aqui e não ficar discutindo sobre como adorávamos quando não éramos prisioneiras.

Às vezes, a atmosfera dentro do contêiner era pior que fora, ao lado dos guardas da prisão.

Havia também diferenças de personalidade que eram difíceis de contornar, já que estávamos presas juntas vinte e quatro horas do dia. Algumas mulheres eram bem detalhistas sobre onde nossos poucos pertences deveriam ser guardados e implicavam com as outras, dizendo:

— Por que você colocou aquele copo ali? Coloque-o lá em vez disso!

Como eu estava lá havia mais tempo, tinha ficado com roupas e outros pertences de algumas prisioneiras que já haviam partido. Nessa época, eu tinha 12 cobertores e todos os copos do contêiner eram meus! Resolvi o problema ao chamar um dos guardas e pedir-lhe que desse a cada pessoa um copo, um prato e um cobertor, e deixar o resto com o diretor da prisão para ser distribuído a outros prisioneiros. Depois disso, as coisas começaram a se arranjar e, às vezes, nós organizávamos um momento de comunhão juntas. Continuei a ensinar a Bíblia e a escrever pregações para outras prisioneiras em um papel que havíamos contrabandeado para dentro da prisão por intermédio de alguns amigos que o repassaram para nós através dos guardas.

Certo dia, recebi uma carta de uma mulher que estava no meu contêiner. Ela tinha chegado com um homem que era médico, e ambos tinham sido presos por sua fé. Ele conseguiu que a carta chegasse às mãos dela, que a deixou comigo. Estava escrito:

— Todos foram soltos, mas você já está aqui faz quase um ano. Por que continua presa?

Nessa época, eu tinha começado a ensinar um pouco sobre o cristianismo para um dos outros prisioneiros. Soldado, fora capturado ao tentar fugir para o Sudão. Era um dos prisioneiros mais confiáveis em todo o complexo. Seu papel era distribuir o pão todas as manhãs a todos os contêineres. Sempre que ele vinha ao nosso contêiner, eu ensinava a Bíblia para ele. Escrevi uma resposta para o médico e deixei na cesta dos pães. Só que não percebi que um dos guardas que estava na torre de vigia me viu. Ele desceu, parou o prisioneiro que levava a cesta e leu a carta.

Todos tinham ido ao banheiro, e eu estava limpando o contêiner como sempre. Usava um vestido leve, porque estava muito quente. O guarda me arrastou para fora e me bateu até quebrar o bastão; então, me algemou ao lado do soldado o dia inteiro. Eu sentia muitas dores, porque meu vestido era fino demais para me proteger dos golpes.

O guarda chamou o homem que me enviara a carta para que fosse interrogado no escritório. Senti-me culpada quando ouvi isso, porque eu tinha escrito seu nome verdadeiro em vez de um codinome ao responder a carta. Entretanto, quando ele explicou para os guardas que só me perguntara por que eu ainda não havia sido libertada, eles o deixaram ir embora. Ele se sentiu culpado quando percebeu que eu tinha sido punida e tentou persuadir os guardas de que a culpa não era minha, mas foi tudo em vão.

Os guardas me deixaram algemada do lado fora das 5 horas da manhã até às 11 horas. Então, o guarda que pegou a carta levou-me para um contêiner vazio. Era muito velho, enferrujado e cheio de buracos. Ele me empurrou para dentro e passou as algemas da parte de trás para a frente. Então, trancou a porta. Eu ainda estava usando aquele vestido leve e fiquei ali deitada naquele chão terrivelmente frio, sem um balde, e tremendo. Lutei muito comigo mesmo, porque estava com medo de dormir e morrer por causa do frio, assim como as ovelhas. Meu corpo inteiro doía por causa do frio e por ter apanhado. Eu não conseguia mover-me, porque estava muito escuro.

Então, comecei a cantar. Compus uma canção e a repeti a noite inteira.

> Eu te amo; é por isso que sou atraída para mais perto de ti.
> Sei que vale a pena seguir-te.
> Eu estou pronta para ser presa e confiarei em ti até a morte.
> Mesmo em um lugar fechado ou em um buraco, não me renderei aos espíritos malignos,
> Mesmo que eu esteja amarrada, acorrentada ou passando frio,
> Eu cantarei e não me cansarei de cantar. Não desistirei.
> Meu coração queima com teu amor,
> E meu coração declara que nunca deixarei de te respeitar e engrandecer.
> Cantarei sem parar,
> Cantarei uma melodia,
> Minha alma se alegra em cantar para ti.

Lá pelas 6 horas da manhã do dia seguinte, eles me arrastaram para fora a fim de me interrogar, mas eu estava com tanto frio que não conseguia falar ou andar. Tentei responder às perguntas, mas não conseguia mover os lábios para formar as palavras. Então, eles me deixaram algemadas ao sol até que me aquecesse e aí pediram que eu lesse em voz alta a carta que havia escrito.

Eles acharam difícil entender a carta. Eu tinha escrito: "A igreja está em uma situação terrível, e não há liberdade para adorar. Não posso pensar na minha liberdade quando todos os dias a igreja está sendo destruída". Eu havia tirado isso do livro de Ageu, porque sabia que o médico cristão entenderia, mas os guardas não compreenderam. Também fiz uma citação de Neemias, quando os muros de Jerusalém foram destruídos e ele orou e jejuou, e sobre Sadraque, Mesaque e Abede-Nego: "Desta vez, a estátua de ouro foi substituída por um pedaço de papel". Então, os guardas me puniram, mesmo sem entender o que eu havia escrito.

— Por que você está escrevendo na linguagem da sua Bíblia? — perguntou um dos guardas.

— Por que você não usa linguagem comum em vez dessas palavras complicadas?

O guarda ordenou que eu parasse de escrever cartas para outros prisioneiros, ao que respondi:

— Fui presa porque preguei o evangelho. E eu não vou parar de fazer isso mesmo aqui. Continuarei a escrever e a falar sobre minha fé.

Então, eles me colocaram em uma solitária.

7
Solitária

Nos primeiros dias, fiquei sozinha em um contêiner. Aí neles colocaram outra mulher comigo. Ela tinha feridas por toda parte e, às vezes, chorava muito por causa das dores. Na primeira noite, nem conseguiu dormir. Exalava um cheiro estranho, por causa de uma ferida que tinha supurado. Ela me disse que apanhou com os bastões dos guardas, e pedi para dar uma olhada nas feridas. Descobri que havia inchaços por todo o seu corpo e que o cheiro se devia ao fato de seu útero ter sido deslocado. Ela apanhou tanto que, na verdade, seu útero estava dependurado para fora do corpo. Os ligamentos estavam feridos, e o órgão não se mantinha dentro do corpo; então, tivemos de empurrá-lo para seu lugar de origem. Tentei massagear suas pernas para melhorar a circulação e diminuir os inchaços, mas, como a mulher não recebeu nenhum atendimento médico após ter sido torturada, parecia tarde demais para ajudá-la. Ela deveria ter sido levada a um hospital, mas depois de alguns dias eles a transferiram para outro contêiner, e fiquei sozinha outra vez.

Embora eu me sentisse sozinha no início, até que gostei de ter passado aquele tempo de confinamento na solitária. Foi um período proveitoso, porque me organizei para escrever palavras de encorajamento e ensinamentos bíblicos a outros prisioneiros. Escrevia debaixo de um cobertor, de modo que, se os guardas olhassem dentro do contêiner, não viam o que eu estava fazendo. Geralmente eu escrevia até 16 páginas a meus amigos prisioneiros. Até consegui um rádio, que mantinha escondido em meio a meus pertences; assim, podia acompanhar as notícias e ouvir alguns programas cristãos.

Eu também possuía três gatos que antes pertenciam a outro prisioneiro. Quando sua gata deu cria a dois gatinhos, ele os soltou, e eles começaram a vaguear entre os contêineres. Os bichinhos passavam tanto tempo comigo que todo mundo começou a chamá-los de "os gatos da Helen". Eles esperavam até eu sair para o banheiro pela manhã e, então, entravam sorrateiramente no contêiner enquanto a porta estava aberta, ou algumas vezes tentavam pular do teto do contêiner pela pequena abertura. Eu os alimentava com pequenos pedaços da minha própria ração diária todas as manhãs, e eles passavam o dia inteiro comigo. Eu adorava vê-los brincando. Eles eram muito úteis quando eu queria mandar minhas cartas aos outros prisioneiros. Eu amarrava um pedaço de corda ao redor do pescoço dos bichanos, dobrava um pedaço de papel e prendia na corda na altura do queixo. Como a corda era muito fina, não era fácil percebê-la entre os pelos do animal. Então, eu os deixava sair, e eles entravam sorrateiramente nos outros contêineres atrás de comida. Os outros prisioneiros já sabiam e olhavam no pescoço dos gatos para ver se havia cartas minhas.

Também escrevi muitas músicas, mas infelizmente os guardas fizeram uma busca no meu contêiner e as levaram embora. Muitas pessoas sofriam surtos mentais ao serem confinadas na solitária; então, os guardas pensavam que essa punição seria a pior que me podiam dar e que isso quebraria meu espírito. Na verdade, eu realmente aproveitei meu tempo sozinha.

Durante esse período, um dos guardas da prisão tinha tirado um raro dia de folga e demorou demais para retornar, por isso eles o trancafiaram em um contêiner sozinho por três dias como punição. Quando o soltaram, ele veio até meu contêiner e conversou comigo pela abertura.

— Helen, acabei de passar três dias no contêiner e mal pude suportar. Como você consegue ficar bem depois de tanto tempo?

Ele não conseguia entender como eu me mantinha calma e feliz, mesmo na solitária.

Muitas pessoas tornam-se depressivas depois que são deixadas na solitária, não importa quanto tempo fiquem, mas descobri que aquele foi um de meus melhores períodos na prisão. Na verdade, desejei ter passado mais tempo lá, porque não tive a chance de escrever tudo o que veio a minha mente enquanto permaneci naquele silêncio.

Eu tinha uma rotina: acordava, orava, lia e estudava minha Bíblia; então, escrevia canções e cartas para os prisioneiros e depois fazia alguns exercícios físicos. Para mim, os dias pareciam cheios. Ainda assim, é claro que eu me sentia curiosa em ver outras pessoas. Certo dia, coloquei meu rosto na abertura, e havia um guarda bem na frente. Ele me repreendeu:

— O que você está fazendo?

— Só estou dando uma olhada para ver o que está acontecendo aí fora — respondi.

Ele me algemou fora do meu contêiner, mas todos os outros prisioneiros começaram a reclamar de dentro do contêiner deles.

— Ela não fez nada. Você não pode inventar algo para puni-la! — eu os ouvi gritando.

— Ela não causou problema para ninguém. É normal ser curioso e querer ver o mundo externo quando se está preso sozinho.

Eu disse para o guarda:

— O que você está fazendo é totalmente inaceitável. Você não deveria me punir por olhar para fora, já que supostamente você deveria me deixar sair para respirar ar fresco todos os dias.

O guarda ficou envergonhado, principalmente porque os outros prisioneiros concordaram comigo.

Embora estivesse sozinha, eu geralmente podia sentir a presença de Deus. Um dos guardas da prisão desenvolveu uma obsessão por mim e vinha diversas vezes a meu contêiner para me ver.

Certo dia, ele me chamou pela janela:

— Não consigo viver sem você. Você se casaria comigo?

Dei um passo para trás e expliquei gentilmente:

— Estou presa. Como posso pensar em me casar?

Entretanto, ele era persistente e sempre me observava quando eu saía do contêiner. Comecei a me sentir desconfortável e, quando ele passou a insistir em me pedir em casamento, fiquei realmente assustada. Muitos guardas tratavam as prisioneiras como escravas, exigindo sexo quando não as estupravam. Eu sabia que havia uma possibilidade real de que um dia ele me seguisse até o campo-banheiro e, então, me estuprasse. Eu podia acabar grávida ou contrair HIV. Ele receberia uma punição leve, se ao menos fosse punido, mas para mim isso seria uma prisão perpétua.

Um dia, eu estava com tanto medo que me ajoelhei no contêiner e orei, chorando:

— Deus, por favor, ajude-me. Faça-o deixar-me em paz.

No dia seguinte, o guarda morreu.

Um guarda novo tinha sido transferido de outra prisão, e os dois discutiram. O recém-chegado atirou nele. O assassino recebeu uma sentença de quinze anos de prisão em um contêiner próximo ao meu. Fiquei horrorizada e, por muito tempo, atormentava-me com um sentimento de culpa, como se a morte daquele homem fosse minha culpa, por ter pedido a Deus que o afastasse de mim.

Entretanto, também vi Deus transformar um plano maléfico em algo bom. Na prisão, os guardas muitas vezes escolhem pessoas para serem seus espiões e vigiarem os prisioneiros problemáticos. Certo dia, eles trouxeram duas garotas para meu contêiner. Elas se chamavam Rahel e Elsa. Ambas tinham servido no exército antes de serem presas. Supostamente, iriam me espiar e relatar aos guardas depois, porque as autoridades não conseguiam entender de que maneira, apesar de todo o tratamento que me davam, eu continuava desafiando-os. Só que aconteceu o contrário, porque as garotas realmente gostaram de mim. Logo nos tornamos boas amigas, e elas até confessaram:

— Nós deveríamos espiar você, mas gostamos de você e não vamos fazer isso!

Começamos a nos amar como irmãs. Certa vez, estávamos compartilhando uma manta *gabi*, a qual havíamos jogado por cima de nós três, e um guarda apareceu:

— Vocês não podem compartilhar isto. Cada uma deve usar a sua própria manta. Foi a Helen que obrigou vocês a fazerem isso?

Só que as garotas riram e responderam:

— Não. Não conseguimos seguir o exemplo de Helen. Não tivemos a sorte de sermos como ela. A Helen é única.

Como as garotas não estavam espiando como haviam sido instruídas, Rahel foi libertada, mas deixaram Elsa no contêiner comigo por mais um tempo. Rahel deixou para mim as poucas roupas que tinha. Isso era uma bênção, pois durante um bom tempo não tive permissão de receber mais roupas, mesmo quando as velhas se tinham desgastado demais. Senti que era a provisão de Deus para mim, como os corvos que foram enviados a Elias. Era a minha experiência, de que não importava quão difícil era a situação, Deus sempre enviava alguém para me ajudar. Portanto, embora aquelas garotas tivessem sido enviadas para me espiar, Deus as usou para me abençoar.

Certa manhã bem cedo, eu estava ouvindo um programa cristão no meu pequeno rádio quando os guardas abriram o contêiner sem avisar e confiscaram o rádio. Naquela época, eles usavam todas as oportunidades para me pressionar a assinar o papel negando minha fé. Eles sabiam que eu acompanhava as notícias e que o rádio me trazia felicidade; então, quiseram me ferir, negando-me essa alegria. Foi muito difícil enfrentar os dias seguintes ao confisco do rádio, porém mais tarde consegui lidar com isso.

No entanto, havia um grupo de prisioneiros em *Mai Serwa* sentenciados a muitos anos e que tinham sido oficiais no exército. Eles recebiam jornais e livros, de modo que começaram a passar os jornais para mim. Deram-me tantas edições que os papéis começaram a ficar empilhados dentro do contêiner. Eu estava feliz por ter notícias do mundo fora da prisão. Li uma série especial sobre pessoas que mudaram o mundo. Uma delas era Rosa Parks, que lutou contra a segregação de pessoas nos ônibus norte--americanos na década de 1950. Comecei a colar os artigos nas paredes do contêiner, usando chiclete mastigado para grudá-los. Aquelas histórias eram inspiradoras, e eu meditava nelas com frequência.

Um dia, um guarda veio até meu contêiner e, quando viu os jornais, quis saber mais sobre os artigos. Quando terminei de contar sobre eles, o guarda disse:

— Você não percebe que é uma dessas pessoas?

Aproveitei meu tempo de solitária por quatro meses, quando um dos interrogadores veio até meu contêiner e me deu a ordem de juntar meus pertences. Eu seria transferida para um contêiner com sete outras mulheres sob a exigência restrita de que não ensinasse, pregasse ou cantasse. Eu disse que não poderia obedecer a essa ordem e pedi que me deixasse na solitária, mas o homem já começara a retirar minhas coisas.

8
Menos do que humanos

Duas das mulheres que estavam no meu novo contêiner eram cristãs. Eu já conhecia uma delas, que se chamava Ester, mas a outra garota era nova. Seu nome era Liya. Fiquei muito feliz ao descobrir que elas tinham seu próprio rádio. Estabelecemos uma rotina de ouvir programas cristãos e, então, orar e estudar a Bíblia. Aí comecei a cantar para elas. Não demorou muito tempo para que ouvíssemos pancadas na porta e um guarda gritando:

— Quem está cantando?

Liya disse que era ela. O guarda a levou para fora e a acorrentou por toda a noite. Quando ele nos deixou sair na manhã seguinte, o guarda acusou:

— Ela não estava cantando sozinha. Vocês duas também estavam cantando.

Ele nos acorrentou e nos deixou do lado de fora desde cedo pela manhã até às 2 horas da madrugada no dia seguinte. Ao amanhecer, fez a mesma coisa por mais um dia. Quando dois dias haviam passado, mandou todas as outras mulheres para o campo a fim de usarem o banheiro, mas veio até nós e nos advertiu de que nunca mais cantássemos. É claro que nos recusamos a isso. Então, ele me puxou para o lado e disse:

— Se eu ouvir você cantando uma única vez, irá dormir com os prisioneiros, não com as prisioneiras — esta era a pior ameaça que um guarda tinha me feito até então.

Ele me empurrou de volta para o contêiner, que permaneceu aberto enquanto as mulheres ficaram no campo, mas deixou Liya do lado de fora. Como ela era nova e tinha me protegido, senti muita pena dela; então, escorreguei para fora e me sentei perto dela. Quando o guarda me viu, disse:

— Helen, quem você pensa que é? Por acaso acha que é uma sacerdotisa consolando seu povo? Eu disse que voltasse para o contêiner.

Só que me recusei a voltar:

— Por favor, deixe-me ficar, ou então me algeme no lugar dela.

O guarda não conseguia entender por que eu fazia aquilo; então, chamou três guardas de patente mais alta para falarem comigo. Expliquei que gostaria de ser punida no lugar de Liya ou ter permissão para ficar ali para confortá-la. Os guardas mais experientes não sabiam o que fazer.

O primeiro guarda balançou a cabeça.

— Helen, se você leva sua fé tão a sério, deve estar preparada para a pior punição. Seria mais sábio se você desistisse de suas crenças antes que seja tarde demais.

Liya sentiu-se grata pelo meu apoio, e nos tornamos grandes amigas. Descobri que seu pai e sua mãe eram soldados de guarda que geralmente se escondiam entre os arbustos, durante a Guerra da Independência, e que ela havia nascido no meio dos arbustos. Liya era muito ousada, e fiquei impressionada com sua fé. Até os que não eram cristãos se surpreendiam com seu amor e serviço. Por exemplo, todos os dias ela limpava o contêiner e despejava o balde fora sem reclamar e com alegria. Até mesmo quando eu lhe pedia para assumir um turno, ela se recusava, dizendo-me que via isso como seu trabalho — uma maneira pela qual podia servir a Deus e aos outros todos os dias. Ela também amava escrever estudos bíblicos; então, fazíamos isso juntas, e Ester ilustrava nossas histórias, já que era engenheira antes de ser presa. Nós três formávamos um belo time e distribuíamos nossos ensinamentos bíblicos ilustrados para os prisioneiros ao redor.

Enquanto eu estava no contêiner com Ester e Liya, os guardas nos disseram que as lentilhas haviam acabado, de modo que teríamos de sobreviver com a comida dos militares, que eram biscoitos secos ou duros, dados duas vezes por dia com um copo de chá. Sobrevivemos com esses biscoitos por mais ou menos um mês, até que um dos oficiais da prisão me chamou a seu escritório. Eu não encontrara minha filha havia muitos meses e estava certa de que ele tinha me chamado porque ela estava lá, mas, quando eu cheguei ao escritório, o local estava vazio. Ele me fez sentar em sua frente e balançou a cabeça.

— Helen, não finja que não sabe por que está aqui. Você foi vista aceitando um saco de *tihni* de um dos guardas.

Tihni era uma comida feita de cereal altamente calórico, parecida com um mingau de aveia, que geralmente misturamos com água. É muito útil para longas jornadas principalmente para prisioneiros famintos, como nós. Fiquei furiosa e gritei:

— *Tihni*! Isso não faz sentido!

Eu estava tão chateada que não queria falar com ele, tanto pela falsa acusação quanto por minha amargura e frustração por não ver Eva. Pedi para retornar a meu contêiner, mas ele se recusou. Eu lhe disse firmemente:

— Ninguém me deu nada; então, quem quer que tenha dito algo a você está enganado. Se você tivesse um guarda que estivesse distribuindo comida, deveria ter orgulho dele por causa de sua compaixão. Sim, somos prisioneiros, mas ainda temos necessidades. Mesmo assim, você nunca se importou com isso e agora ousa me acusar de ter feito isso. Não é crime necessitar de comida, mas, mesmo quando estamos doentes, você não nos alimenta adequadamente. Você nos dá sal e açúcar quando temos diarreia, não remédios ou comida nutritiva.

Acho que ele se sentiu envergonhado, porque não respondeu nada; apenas gesticulou para que eu retornasse a meu contêiner.

Outro diretor-geral dos presídios veio nos visitar. Quando visitas oficiais ocorriam, os guardas mais velhos pediam dois voluntários para falar com o diretor. Entretanto, como éramos punidos quando voltávamos ao contêiner se reclamássemos das condições da prisão, todos ficavam quietos.

Então, o diretor dos presídios disse o seguinte:

— Helen, esta pergunta é para você. Por que todos os cristãos são contra o governo?

Eu não podia ficar em silêncio.

— Não somos contra o governo. Na verdade, apoiamos o governo e somos bons para as autoridades e o país. Quando eu tinha meu próprio negócio, sempre paguei meus impostos e fiz tudo o que me pediram. Todos os cristãos estão dispostos a participar do serviço militar. Eu não pude ir por causa da minha filha, mas, se você quisesse que eu fosse agora, eu iria.

Então citei a Constituição eritreia:

— Não é a própria Constituição que diz: "O país é para todos nós, mas a religião é um assunto privado"? Só que vocês não nos permitem praticar nossa fé; então, vocês é que são contrários à Constituição. Não vamos abandonar nossa fé, mas faríamos qualquer coisa por nosso país.

Isso fez o diretor ficar bravo. Bem poucos prisioneiros discutem com os oficiais dessa maneira, usando argumentos claros e coerentes. Infelizmente ele ficou irado demais para continuar me ouvindo, e os guardas transferiram as prisioneiras cristãs de nosso contêiner para outro, como forma de punição. Esse outro ficava no canto, bem na ponta do grupo, e o sol batia nele diretamente. Os contêineres que ficavam nos cantos formavam sombras para os que estavam nas fileiras internas. Só eram usados para abrigar os prisioneiros problemáticos. Nosso novo contêiner era tão quente que era insuportável permanecer ali, de modo que reclamamos.

Os guardas fizeram cara de indiferentes e disseram:

— Vocês têm o direito de escolher: assinem o papel, atestando que não irão mais praticar sua fé, ou fiquem no sol.

Desde o momento em que, originariamente, criaram o documento, eles pediram diversas vezes que eu e os outros prisioneiros cristãos o assinássemos. Em geral, faziam isso quando novos prisioneiros chegavam.

Eles nos mantiveram no contêiner sob o sol, mas chamaram Liya para fora. Seu pai estava fazendo tudo o que podia para libertá-la. Ele a tinha visitado recentemente e lhe pedido para abandonar sua fé, mas ela se recusou. Ele estava lá de novo para uma reunião com os guardas da prisão.

Eu estava sentada no contêiner com Ester, quando a porta abriu e Liya entrou segurando o que parecia uma bola de pano preto em ambas as mãos. Só então entendemos que era parte do seu cabelo. Durante a reunião, o pai tentou convencê-la outra vez, e ela se recusou. Ele ficou tão furioso que a agarrou pelos cabelos e os arrancou com as próprias mãos, deixando-a quase careca. Ele a espancou tão duramente que os próprios guardas tiveram de intervir. Nós a ajudamos a cortar o que restava do cabelo. Pouco tempo depois, os guardas a transferiram para o contêiner que servia de solitária e disseram a ela que eu estava fazendo uma lavagem cerebral em sua cabeça, mas Liya apenas riu e lhes disse que estavam enganados.

Certo dia, a mãe de Liya veio visitá-la e lhe trouxe um saco de bananas e algum dinheiro. Liya disse que queria dar parte do dinheiro para mim, porque sabia que eu não tinha nada na prisão, mas os guardas nos vigiavam constantemente. Então, quando fomos ao campo-banheiro, ela enfiou um pouco de dinheiro debaixo das bananas e me entregou a bolsa inteira. Tive tempo suficiente para tirar o dinheiro antes que os guardas nos vissem. Eles me fizeram devolver o saco de bananas. Ainda dávamos um jeito de enviar algumas cartas entre os contêineres. Quando eles colocaram algumas prisioneiras com Liya, somente porque as tinham visto passando pelo contêiner, Liya falou de Jesus para elas, e as prisioneiras se converteram. Os guardas também não conseguiam impedi-la de pregar. Posteriormente, ela foi transferida para outra prisão, e ouvi dizer que, depois de um tempo, foi solta.

Um dia, alguém do contêiner vizinho me viu olhando pela janela e me cumprimentou.

O guarda viu e foi perguntar algo ao homem. Eu estava muito doente com diarreia, mas eles nos empurraram para fora de nosso contêiner e me algemaram. Então, colocaram um pedaço de madeira entre os joelhos do homem e amarraram-lhe os pés e as mãos. Depois, eles o viraram de ponta-cabeça e nos deixaram ali o dia inteiro ao sol. Ele ficou na prisão por muito tempo, e eu soube que morreu logo depois que foi solto.

Depois da prisão, escrevi cartas para muitos prisioneiros e passei a conhecer suas histórias também. Uma mulher desenvolveu uma fobia do ruído das portas se fechando e de lugares abafados. Ela escreveu para mim a fim de saber como sobrevivi por tanto tempo na prisão. Certo tempo depois, ela teve um surto nervoso e foi levada a um hospital psiquiátrico. Era um problema comum na prisão. Um homem que foi pego traficando pessoas pela fronteira também teve um surto nervoso. Ele nunca recebeu visitas, pois sua família vivia perto da fronteira com o Sudão e não podia viajar; então, ele deve ter pensado que o tinham abandonado. Outro idoso era do grupo Testemunhas de Jeová, uma das religiões banidas, e foi trazido para a prisão na época em que proibiram as famílias de levar comida para os cristãos ou membros das Testemunhas de Jeová. Depois de alguns dias, o homem começou a gritar que estava faminto e, quando os guardas abriram seu contêiner, jogou pedras neles. Também sofreu um surto.

As pessoas mantidas presas nos contêineres por muito tempo sempre sentiam dores agudas nas pernas, e os médicos sugeriam alguns minutos ao sol. Vi um homem pedir isso a um dos guardas, porque tinha uma carta do médico que dizia que ele precisava disso. O guarda o levou para fora e começou a açoitá-lo enquanto todos assistiam à cena.

Outra forma de tortura era acorrentar ou algemar as pessoas no contêiner. Um prisioneiro permaneceu acorrentado dia e noite, e, quando o deixaram sair para usar o banheiro ou pegar água, os guardas só tiraram a corrente de uma das pernas. Então, tentaram fazê-lo mover-se rapidamente, mas a corrente era muito pesada. Um dos guardas começou a bater nele, e gritei pedindo que parasse.

Todos os prisioneiros sofriam ao ver outros prisioneiros sofrendo. Mesmo os que não eram espancados, com frequência podiam desenvolver doenças na prisão como diabetes ou depressão. Assim, quando eram finalmente soltos, seu sofrimento continuava.

As autoridades capturaram um jovem tentando atravessar ilegalmente a fronteira com o Sudão. Ele era alto e forte e, quando levado ao contêiner, pediu educadamente para falar com o diretor da prisão. O guarda se recusou a fazer isso e, quando o jovem pediu outra vez, o guarda o empurrou, o agarrou pelo pescoço e bateu a cabeça dele no chão diversas vezes. Todas nós gritamos pedindo que ele parasse. Quando o jovem se recuperou, sentia-se tão deprimido com o tratamento humilhante que tinha recebido que começou a perder peso.

Quase todos os guardas sentiam prazer ao criar meios degradantes e desmoralizantes de nos punir. Um dos castigos favoritos era nos levar para o campo-banheiro e ordenar que carregássemos de volta uma pedra. No dia seguinte, tínhamos de levá-la novamente para o campo. Um dos novos prisioneiros era professor e se recusou a obedecer, dizendo que eles deveriam usar punições mais apropriadas. É claro que ele foi espancado em seguida.

É surpreendente ver a quantidade de pessoas na Eritreia que estiveram na prisão sem saber o motivo. Alguns prisioneiros foram retirados de suas casas enquanto dormiam à noite. A maioria era formada de pessoas muito bem educadas que nunca souberam as razões de sua prisão. Elas quase sempre ficavam presas durante seis ou sete meses e, na maioria dos casos, nem eram interrogadas ou julgadas e sentenciadas. Depois, eram soltas e recebiam ordens de não repetir o que haviam feito! Isso era muito comum. Uma forma de tortura psicológica. É provável que o motivo por trás da prisão deles, principalmente dos prisioneiros que receberam educação formal, fosse: "Talvez eles estejam armando algo contra o governo ou pelo menos discordam de algumas das ações que são tomadas". Por isso, as autoridades tentavam amedrontá-los, caso estivessem pensando em se rebelar. Na grande maioria dos casos, essas pessoas eram cidadãos cumpridores da lei, e o tratamento do governo com eles era totalmente infundado.

Foi exatamente isso o que aconteceu com uma família que foi levada para nosso contêiner. A mãe e a filha ficaram conosco, enquanto o homem permaneceu na seção masculina. Foram todos presos no meio da noite e levados para a prisão sem explicação alguma. A filha tinha apenas 17 anos, e poucos minutos dentro do contêiner fizeram seu corpo inteiro inchar. Ela devia ser alérgica a algum dos parasitas no contêiner, e tiveram de levá-la para o hospital.

Geralmente a punição dos cristãos é a pior de todas dentro da prisão. Tentei consolar um cristão que tinha sido pego tentando fugir do país. Bateram nele com os bastões de tal maneira que feriram sua espinha dorsal. Ele usava dois pedaços de madeira como apoio para andar, mas tinha de arrastar as pernas. O cristão estava preocupado se algum dia conseguiria voltar a trabalhar. Na Eritreia, os portadores de deficiência são vistos como peso morto. É muito importante para os eritreus gerar benefícios para o país; assim, a invalidez é algo terrível.

Algum tempo depois, outro grupo de cristãos foi transferido para nossa prisão. Eles estavam presos havia quatro anos. Não tinham permissão para receber comida de suas famílias e eram forçados pelos guardas a trabalhar como parte de sua punição. Tinham de mover pedras e carregar baldes de água de 20 litros entre os contêineres. Não havia sentido no que faziam, e tudo era muito degradante.

Certo dia, os guardas da prisão prepararam uma festinha para a qual assavam espigas de milho. O cheiro era delicioso. Eu disse a um deles:

— Faz muito tempo que não experimentamos algo com um cheiro tão gostoso. Por que você não nos dá um pouco disso?

Só que ele gritou:

— Vocês não foram criados para comer esse tipo de comida. Vocês nem deveriam ter a permissão de cheirá-la.

Para alguns guardas, os cristãos eram considerados menos que humanos. Algumas vezes, eles se esqueciam de nos dar água ou de nos levar para tomar banho ou lavar nossas roupas. Certa vez, um guarda nos levou até a torneira, mas não havia nenhum recipiente para usarmos; então, pedimos um balde para lavar a roupa, mas ele nos disse que deveríamos fazê-lo sem nada. Fomos forçadas a lavar nossas roupas nas pedras do terreno.

Entretanto, estranhamente, a terrível maneira com que os cristãos eram tratados fazia que outros prisioneiros se sentissem melhor. Estes geralmente reclamavam das condições da prisão até verem o que faziam com os cristãos. Um dia um prisioneiro novato veio até mim e perguntou há quanto tempo eu estava presa. Eu estava lá havia mais de dois anos, mas disse que fazia menos de dois anos, já que não queria desencorajá-lo. Ele ficou chocado e perguntou se o motivo da prisão era assassinato!

Embora os guardas sempre nos tratassem mal, eu sentia pena deles algumas vezes. Afinal de contas, eles também perderam a vida na prisão. Estavam lá enquanto estive presa e provavelmente continuam por lá até agora. Como prestavam serviço militar, não recebiam salário, apenas comida e acomodação, e tinham de trabalhar todos os dias da semana, com talvez duas semanas de férias a cada seis meses. O rosto deles estava sempre triste. Eles também não conseguiam dormir direito, porque trabalhavam em turnos. Geralmente, um guarda tinha apenas duas horas de sono antes de ser acordado para o próximo turno. Quase todos os guardas eram solteiros, porque não podiam sair para nenhum lugar para conhecerem pessoas, assim como não tinham tempo para cuidar da família; assim, é fácil entender por que tantos deles eram tão irados e amargurados. Estavam sempre entediados. Certa vez, vi um guarda pedir a outro que fizesse um jogo de palavras cruzadas com ele, afirmando que isso o manteria acordado. O outro guarda respondeu:

— Tenho muitas coisas aqui que me mantêm acordado. Você não teria nada para me ajudar a dormir?

Os guardas nos diziam constantemente:

— Até nós estamos infelizes aqui.

Talvez por isso eles agrediam tanto os prisioneiros.

Ainda assim, nem todos os guardas eram iguais. Alguns eram bondosos e tentavam ajudar, conversar ou apenas ouvir. Havia guardas que não chamavam o médico nem para os prisioneiros mais doentes, enquanto outros tentavam consolá-los. Mesmo na prisão existem todos os tipos de pessoas.

Certo dia, eles me chamaram, a Ester e a todos os outros cristãos para ir ao escritório. Um dos diretores da prisão estava lá e ele nos mostrou um pedaço de papel que dizia: "Eu seguirei pregando e crendo". Era uma confissão positiva, ao contrário do último documento que tinham pedido que assinássemos.

O diretor da prisão explicou:

— Esta é sua última chance. Se assinarem este documento, continuarão presos, e nós os mandaremos para uma de nossas prisões secretas. Nunca mais serão libertos. Se não assinarem o documento, nós os deixaremos sair. Saibam que, se a sua escolha for assinar, lavarei as mãos, e vocês estarão decidindo seu destino. O que acontecer com vocês daqui para a frente não será minha culpa.

Eu pensava que todas as vezes que íamos ao escritório as ameaças aumentavam. Eles sempre tinham um plano maligno em mente. Ao ouvir nos noticiários que a Eritreia estava entre os dez piores países em termos de desrespeito aos direitos humanos, eu sempre pensava que nosso país deveria estar em primeiro lugar. Cerca de 10% dos cristãos eritreus estão presos neste exato momento, mas, na verdade, 50% de nós já estivemos presos em algum momento de nossa vida. E isso é pior que a pena de morte. Seria bom demais se eles nos matassem. Viver preso é como ser um morto-vivo e, mais que isso, é a morte da dignidade, das esperanças e dos sonhos.

Nossa situação me fez lembrar de um muçulmano que conheci na prisão e foi espancado duramente na cabeça, ficando com sequelas permanentes por causa de um ferimento. Ele não estava vivendo, mas apenas existindo, assim como todos na prisão.

Durante o tempo em que a Eritreia foi governada pelo ditador etíope Mengistu, antes de conquistarmos nossa independência, meu pai foi preso por apoiar o governo anterior. Ele permaneceu preso por mais de um ano, mas só foi torturado nas primeiras semanas, enquanto o interrogavam em uma prisão adequada com construções modernas. Depois daquelas primeiras semanas, tivemos permissão para vê-lo. Só que agora, quanto mais tempo você está na prisão, mais tortura receberá e menos permissão terá de ver sua família. Durante todo esse tempo, só pude ver Eva uma vez.

Ainda assim, contudo, recusei entregar-me e disse ao diretor:

— Não posso abandonar minha fé. Se você furar um saco de grãos, a única coisa que será derramada é o tipo de grão que estava no saco. Acontece o mesmo comigo. Eu só posso dizer o que está dentro de mim. Tudo o que está no meu coração deve sair pela minha boca. Então, dê-me o documento, pois vou assiná-lo, e aí você pode me mandar para onde quiser.

Ele pediu que eu esperasse e pensasse nas consequências de tomar aquela decisão. Senti que isso era muito cruel, já que, na verdade, eu não tinha escolha. Então, declarei:

— Quanto mais você me punir, mais forte serei. Quanto mais você bater na cabeça de um prego, mais difícil será de tirá-lo da parede. Dê-me o documento.

Então, assinei o papel e retornei a meu contêiner.

Eu não conseguia entender por que eles esperavam que eu deixasse de crer. Era impossível para mim. Na verdade, os guardas estavam tornando sua situação pior ainda, porque as pessoas começaram a perguntar o que havia de tão especial nessa religião que fazia que os cristãos se recusassem a desistir e elas mesmas passaram a crer também. Nosso sofrimento tornou-se uma glória para nossa fé.

Ao refletir sobre a situação, penso que as autoridades já deveriam ter entendido que esse modo de agir não funciona. Estou certa de que o número de cristãos dobrou ou triplicou desde o fechamento das igrejas. Então, Deus talvez esteja usando essa terrível situação para sua glória.

9
O cordeiro do sacrifício

Pouco tempo depois, outro diretor regional das prisões veio visitar o presídio. Um dos diretores da nossa prisão abriu nosso contêiner e o homem perguntou:

— Quem são essas mulheres?

O diretor respondeu:

— São aquelas que estão perturbando a sociedade inteira. Seguem a religião pentecostal.

Então, bateu a porta ao fechá-la, porque não queria nos dar uma chance de tentar convencer o diretor regional de que aquilo não era verdade.

Mais um diretor veio até nós e tentou nos convencer, afirmando que estávamos erradas por ter assinado o último documento, mas eu retruquei:

— Por que você veio nos incomodar agora? Já tomamos nossa decisão.

Outro oficial veio nos visitar e me acusou de ser contra o governo. Ele disse:

— Os agentes políticos estão apenas usando você. Por que você os deixa fazer isso? Por que você arrisca sua vida para agradar outras pessoas e apoiar sua causa? Por que transformar a sua vida no cordeiro do sacrifício? Talvez você seja uma cristã genuína, mas aqueles que pediram que você seguisse rigorosamente essa religião rebelde só estão se aproveitando de você para alcançar seus planos políticos.

Eu disse:

— Se posso falar por mim mesma, saiba que não tenho outros planos a não ser crer na Bíblia. Nunca tive outra intenção desde minha infância. E esta Bíblia não é nova: meus pais e meus antepassados a leram. Sigo a mesma Bíblia que meu avô seguia. A única diferença é que ele lia em g*eez,* e eu posso ler na minha língua. Ele costumava tratar sua Bíblia com uma reverência muito especial e a guardava em uma caixa sagrada, mas eu não me preocupo com o manuseio da minha. Meu avô frequentou a igreja durante cinquenta anos, mas não entendia a Bíblia. Nós a entendemos melhor, porque ela está em nossa língua. Se estiver tentando nos levar de volta para os dias da geração anterior, você não se importa com o que é melhor para nosso país. Tudo está mudando, e temos de nos adaptar aos novos tempos. Cada geração de inventores deve trazer novas ideias, de outra forma não teremos nada de novo, e nada será aperfeiçoado ou melhorado. Em nossa geração, uma vez que podemos entender a Bíblia em nossa própria língua, as pessoas estão mudando.

— Eu odeio a Bíblia, porque ela enfraquece as pessoas — murmurou o oficial.

Eu sabia que os guardas não tinham respeito algum pela Bíblia, porque a queimavam toda vez que pegavam um prisioneiro com uma. Mesmo quando as pessoas serviam no exército, as autoridades faziam uma busca e queimavam qualquer Bíblia que encontrassem; então, os eritreus não tinham liberdade para adorar em nenhum lugar.

Eles geralmente chamavam os cristãos de "pentes", por causa dos "pentecostais". É um termo pejorativo usado para qualquer pessoa que leva a sério sua fé. Os cristãos na Eritreia não falam palavrões; só que existe uma cultura de linguagem obscena no país, e, como não compactuamos com ela, eles nos chamam de "pentes inúteis".

Pouco tempo depois dessa conversa, preparei um estudo bíblico para um dos guardas. Terminei perto do meio-dia, quando a prisão ficava silenciosa, e ele podia vir e pegar o estudo. Um dos guardas mais velhos teve sorte e, vendo-o, pediu que o papel fosse entregue.

Como eu já o estava ensinando há algum tempo, escrevi na parte superior: "Continuando nossa última lição...". Assim, eles descobriram que ambos estávamos levando a sério os estudos. Eles me chamaram para fora e me algemaram ao lado do meu discípulo e perto do guarda que estava em serviço. Prenderam meus tornozelos bem juntos; só que estava tão apertado que a dor era insuportável. Havia um texto da Bíblia que eu lia continuamente e veio a minha mente naquele momento. Era Isaías 53.2: "Ele não tinha qualquer beleza". Fiquei ali deitada, com as pernas pulsando rápida e fortemente, observando as estrelas surgir nos céus. Parecia que eu era muito pequena diante da imensidão do céu, e, depois de ter visto esse lembrete da majestade de Deus, o poder que os guardas tinham sobre mim já não era tão grande. Concentrei-me nas estrelas, porque, se deixasse minha mente divagar sobre as dores que sentia na perna, seria insuportável estar ali. Eu temia, se a circulação fosse interrompida por muito tempo, perder as pernas. Se isso ocorresse, nunca conseguiria andar de novo ou trabalhar.

Muitos guardas passaram por nós durante a noite nas trocas de turnos, e a maioria zombava de nossa situação. Um grupo parou para nos observar e ouvi um deles dizer:

— Olhe para a Helen! Ela parece um cordeiro sendo preparado para a matança do feriado.

O guarda atrás dele virou-se e balançou a cabeça em sinal de negação, comentando:

— Eu não iria querer comer esse cordeiro. Ela está tão suja que parece uma mendiga.

Ao amanhecer, eu estava quase delirando com a dor e me lembro de ter visto outros prisioneiros passando por nós para irem ao banheiro; muitos deles foram simpáticos. Vi minha amiga Ester olhando para mim, enquanto lágrimas rolavam de seu rosto.

Os guardas nos chamaram para um interrogatório, e eu estava tão dura que mal podia andar. Levaram-nos até o escritório do diretor, e ele nos entrevistou com um interrogador. Primeiro questionaram o guarda a quem eu estava ensinando, perguntando-lhe sobre o que eu vinha lhe dizendo. Ele respondeu honestamente, explicando sobre o evangelho, sobre Jesus e a salvação. Então, criaram um documento para que ele assinasse, afirmando que deixaria de crer. O guarda assinou porque era novo convertido e sabia que iriam torturá-lo se não o fizesse. Ainda assim, mesmo tendo assinado, ele permaneceu preso por muitos meses.

Aí os homens se viraram para o guarda que estava em serviço e exigiram saber por que não nos havia impedido. O guarda disse que não tinha visto nada, e devem ter acreditado nele, pois o libertaram após quatro dias. Então, chegou a minha vez. Eles me perguntaram por que eu estava ensinando membros da equipe de guardas. Respondi:

— Estou sempre procurando oportunidades de falar sobre minha fé e de espalhar as boas-novas de Jesus. Não tenho vergonha do evangelho e falarei a todos que puder, não importa quem seja. Jesus não quer que eu fale sobre ele apenas aos prisioneiros, mas aos guardas também. Até se o presidente viesse nos visitar na prisão, eu pregaria o evangelho para ele.

Eles olharam para mim irados, mas continuei a falar:

— Eu não tenho medo de vocês. Vocês podem fazer o que quiserem comigo, mas o máximo que podem fazer é matar meu corpo. Vocês não podem tocar minha alma. Não podem sequer me matar se não for da vontade de Deus que eu morra.

Eles não tinham resposta para minha fala; então, me mandaram de volta para meu contêiner.

No entanto, aquilo não encerrava a questão. Havia outro preso capturado ao tentar fugir do país cruzando a fronteira. Como punição, os guardas o colocaram em um contêiner em frente ao meu, reservado aos prisioneiros que sofriam de diarreia. As condições eram desagradáveis ali, e o homem estava desesperado para diminuir sua sentença. Então, os guardas o recrutaram para ser um espião, e sua primeira missão era me jogar em uma armadilha.

O homem veio até mim e pediu que eu escrevesse alguns estudos bíblicos para ele. Concordei, mas, como já estava escrevendo para vários prisioneiros, demorei um pouco a fazê-lo. Ele me pediu de novo. Senti pena dele; então, copiei um dos estudos que Liya e eu tínhamos escrito e, depois disso, Ester fez a ilustração. Dobrei o papel e o escondi em uma caixa de fósforos.

Ele veio em frente ao contêiner e suspirei: "É seguro?". Ele disse que era, mas mentiu. O guarda estava vendo tudo. Joguei a caixa de fósforos para ele, que a pegou e a levou diretamente para o guarda.

O guarda desceu e se aproximou de nosso contêiner, dizendo:

— Quem jogou isto para fora?

Abri minha boca para confessar, mas Ester se adiantou:

— Fui eu.

Como eu já tinha sido muito torturada, ela não queria que eu tivesse problemas outra vez. Só que, quando o guarda viu a letra no papel dentro da caixa, soube que era eu quem tinha escrito.

O guarda tirou ambas do contêiner, retirou os óculos do rosto de Ester e lhe deu uma forte bofetada. Ele a fez deitar com o rosto no chão para que pudesse algemá-la. Enquanto isso, chutou-a várias vezes e a deixou gemendo de dor. Geralmente quando éramos algemadas do lado de fora, permitiam que sentássemos. Ficar deitada com o rosto no chão era cruel para as mulheres, porque era difícil deitar com o peito naquele terreno cheio de pedras cortantes.

— Agora, temos evidências contra você — disse o guarda alegremente.

Ele também algemou o espião para que os outros prisioneiros não suspeitassem, mas o homem logo foi libertado.

O guarda se aproximou de mim e disse algo, encarando-me com firmeza:

— O que vamos fazer com você? Você está sempre criando problemas.

Coloquei as mãos no rosto instintivamente, pois tinha certeza de que ele me bateria também. Como eu imaginava, ele começou a despejar bofetadas mirando meu rosto, e eu tentava me esquivar. Acho que a distância parecia que estávamos lutando boxe, porque, enquanto ele me golpeava, eu me inclinava e contorcia. Eu temia que ele quisesse me agredir até desfigurar meu rosto.

Minhas pernas começaram a desfalecer, e escorreguei vagarosamente até cair no chão.

— Helen, onde estão os seus escritos?

Descobri que ele acreditava que eu estivesse copiando meus estudos de algum livro contrabandeado.

Apontei para minha cabeça e disse:

— Estão todos aqui.

Ele levantou suas botas e, antes de me chutar, completou:

— Então, será muito fácil apagá-los.

Senti como se algo tivesse explodido no lado da minha cabeça. Ele começou a me chutar repetidamente e desferiu bofetadas no meu corpo inteiro.

Estávamos no centro do complexo da prisão. Já anoitecia, e, mesmo com os contêineres fechados, os prisioneiros viram tudo, e os ouvi gritando para que ele parasse com aquela agressão brutal. Finalmente, ele se cansou, mas, antes de parar, deu-me um chute forte nas costelas.

— Levante-se!

Ele me empurrou em direção ao contêiner, mas eu estava confusa e demorou bastante tempo até que eu controlasse minha cabeça, que girava, e meus passos, que vacilavam. Quando cheguei lá, desmoronei, mas não conseguia dormir, por causa da dor terrível que sentia por todo o corpo, principalmente a cabeça.

Na manhã seguinte, consegui cambalear até o campo-banheiro, mas, assim que retornamos para o contêiner, o guarda nos chamou outra vez. Eu estava muito ferida por causa do espancamento do dia anterior e, por isso, pensava que não seria chamada por um tempo, mas eles algemaram Ester e a mim e nos conduziram para fora e, então, outro guarda veio me dizer que um dos diretores da prisão queria me ver.

O guarda me conduziu pelas vielas estreitas entre os contêineres até a parte principal do complexo, onde ficava o escritório do diretor. Mencionei anteriormente que havia dois diretores na prisão. Um deles era de família ortodoxa, como eu, e o outro era o homem que estava sentado à mesa a minha frente. Era um muçulmano chamado Suleiman. Tinha uma pilha enorme dos meus escritos em suas mãos e bateu na mesa com força. Bem do lado da pilha havia um bastão policial. Eu não conseguia tirar os olhos do bastão. Lembro que outra prisioneira, que tinha sido acusada de roubo, disse que apanhara duramente de Suleiman. Um prisioneiro cristão com uma sentença longa também apanhara dele um mês antes e tinha escrito para me informar. Suleiman era sistemático. Começava pelo pescoço, passava para os braços, batia na parte superior dos ombros, nas costas e por todo o resto do corpo até embaixo nas pernas. Agora, eu sabia que a mesma coisa iria acontecer comigo e, apesar de minha firme fé, eu estava com medo.

Quando ele começou a falar, tentei acalmá-lo ao máximo, porque ele estava muito irado. Eu disse repetidas vezes:

— Suleiman, não foi assim que aconteceu.

Contudo, parecia que ele nem me escutava. Estava determinado a descarregar sua fúria sobre mim.

Justamente antes de o primeiro golpe de seu bastão me acertar, uma palavra de Isaías veio a meu coração: "Ele foi oprimido e afligido; e, contudo, não abriu a sua boca" (53.7). Fixei minha mente nesse texto e daí tirei forças. Se Jesus não chorou, eu também não iria fazê-lo.

Suleiman seguiu em frente com sua agressão. Supostamente, eu deveria estar gritando, mas permaneci em silêncio. Já Suleiman, ao contrário, a cada golpe que desferia, gritava: — Helen, deixe-nos em paz!

Ele nem se preocupou em me algemar, porque todos os guardas sabiam que os prisioneiros cristãos não revidavam. Como ele me batia e eu não abria a boca, obviamente pensava que não estava me batendo forte o suficiente; então, redobrava seus esforços. Depois de um tempo, ele ficou cansado de tanto me bater e disse:

— Precisamos dar um intervalo para que você possa pensar em suas ações.

Todos os meus músculos começaram a estremecer involuntariamente enquanto eu me deitava no chão. Ele se inclinou sobre a mesa, apoiou o bastão ao seu lado e me encarou:

— Helen, você precisa desistir de sua fé.

Como ele poderia imaginar que eu ia desistir, depois de tudo o que já tinha acontecido comigo? Será que realmente pensava que uma forte agressão me faria abandonar a fé?

— Suleiman, você pode fazer o que quiser comigo, mas continuarei crente e fiel ao meu Deus, mesmo que você me mate.

Ele pegou um papel de sua mesa e o balançou em minha direção:

— Então, você deve assinar este documento, afirmando que não irá mais ensinar os membros da minha equipe. Você está ensinando todo mundo, seus escritos estão em toda parte!

De onde mesmo eu estava deitada, olhei para ele e disse:

— Suleiman, eu não vou assinar. Só há um pensamento em minha cabeça: pregar sobre a salvação a meus irmãos e minhas irmãs, não importa onde eu esteja.

Ele pegou o bastão e recomeçou a bater em todas as partes do meu corpo, da cabeça aos pés. Cada golpe parecia deixar uma sensação de queimadura, e logo senti meu corpo inteiro em chamas. Ainda assim, agarrei-me às palavras de Isaías, e, um tempo depois, Suleiman se sentou e me encarou espantado. Acho que ele não conseguia acreditar que eu não chorava nem implorava que parasse.

Ele disse:

— Bem? Você não tem nada a dizer?

— Não, nada. Você está fazendo seu trabalho, e eu estou fazendo o meu — respondi.

— O que você quer dizer com isso? — ele estava confuso.

— Você está cumprindo seu propósito ao me agredir, e eu estou cumprindo o meu ao resistir — expliquei a ele.

Eu queria dizer que estava sofrendo por Deus, mas na experiência de Suleiman todos desmoronavam depois de apanhar daquele jeito, e suas vítimas geralmente ficavam incapacitadas por dias. Ele ordenou que eu me levantasse e lutei para obedecer. Ele mandou que um guarda me levasse de volta e me acorrentasse fora do contêiner, porque eu não tinha mudado de ideia. Enquanto eu saía, ele balançava a cabeça, espantado com minha atitude.

O guarda me acorrentou perto de Ester com as mãos nas costas. Minhas mãos estavam muito inchadas, porque Suleiman dera especial atenção a elas como punição por todos os meus escritos. Enquanto me algemavam, achei que não suportaria a dor. Fiquei ainda pior quando o guarda levou Ester para falar com Suleiman, porque temia que fizesse o mesmo com ela. Eu não queria que Ester sofresse também; se as duas fossem agredidas daquela maneira, não haveria ninguém para cuidar de nós, porque naquela época estávamos sozinhas no contêiner.

Entretanto, Ester voltou rapidamente e me disse que ele lhe havia somente dado um aviso. Comecei a explicar o que ele tinha feito comigo, e Ester ficou horrorizada. Por fora, parecia bem, mas as feridas estavam debaixo da minha roupa.

Outro guarda, chamado Dawit, veio e nos disse que entrássemos no contêiner para comer e, depois, voltássemos diretamente para o lugar onde estávamos. Só que o calor do sol tinha feito minhas feridas inchar, e eu não conseguia levantar. Vacilei alguns passos e caí. Ele gritou:

— Por que você está dormindo? Levante-se!

Eu respondi:

— Dawit, por favor, eu estou realmente doente. Deixe-me ficar deitada aqui.

Só que ele não acreditou em mim e me chutou tentando me fazer levantar. Como não consegui, ele me arrastou para dentro do contêiner. Fiquei deitada ali, onde ele tinha me deixado, e Ester trouxe um pano molhado para limpar minhas feridas.

Parecia que o tempo mal tinha passado, e Dawit retornou; não tínhamos comido; então, Ester implorou a ele por mais tempo, mas eu não conseguia nem pensar em comer, porque tinha certeza de que estava morrendo.

Comecei a repetir as palavras de um antigo hino vez após vez na minha cabeça: "Senhor, esteja comigo. Senhor, esteja comigo. Senhor, esteja comigo". As lágrimas corriam por meu rosto, enquanto eu pensava na minha família e na minha filha vindo me visitar e ouvindo dos guardas que eu tinha morrido. Eu não tinha medo de morrer, mas não queria deixar Eva sozinha.

Ester ainda estava gritando com Dawit até que ele acertou um soco nela e a puxou para fora do contêiner. Ele me arrastou, e Ester puxou seu braço, dizendo:

— Ela está sentindo dor. Como você pode fazer isso com ela?

Eu não queria que Ester tivesse problemas, de modo que disse:

— Está acabado. Estou morrendo; apenas se esqueça dele. Você não precisa falar com ele, porque em breve ele não poderá mais me ferir.

Ester apenas me encarou, porque naquele momento minhas feridas não pareciam tão sérias quanto realmente eram.

Dawit nos acorrentou ao sol, mas eu não conseguia me sentar ereta e caí de novo.

— Ester, estou morrendo — repeti e vi que ela finalmente passou a acreditar em mim.

— O que posso fazer por você? — ela perguntou, começando a chorar.

— Peça a Dawit que tire minhas algemas para que eu possa morrer com um pouco mais de conforto — implorei.

Um pequeno grupo de guardas começou a se reunir atrás de nós, e um dos mais velhos, que era muito gentil, ajoelhou-se perto de mim e perguntou com delicadeza:

— Helen, o que você quer que façamos?

— Solte minhas mãos — suspirei.

Imediatamente o mundo se transformou em escuridão.

10
"O que ele fez por você?"

Só fui saber o que aconteceu a seguir tempos depois. O guarda mais velho disse:

— Helen morreu — e Ester começou a gritar histericamente até que sua voz desaparecesse. Dawit disse aos outros guardas que não sabia que eu tinha sido torturada. É óbvio que ele estava preocupado se teria problemas caso eu morresse. Gritava meu nome e jogou água sobre mim tentando me reanimar.

Eu só havia desmaiado. Quando recuperei a consciência, estava encharcada e cercada de guardas. Todos gritaram:

— Ela voltou a viver! — e chamaram um dos médicos. Quando o médico chegou, ele tentou me levantar, mas a dor que eu sentia era tão grande que quase desmaiei outra vez. A pobre Ester gritava com eles para que me deixassem em paz.

Havia uma pequena clínica em uma das casas de barro que eu imaginara serem banheiros quando cheguei à prisão. Havia três camas e alguns utensílios médicos bem básicos, e eles me carregaram para lá. Quando me deitaram na cama, senti como se algo travasse minha garganta e me impedisse de respirar; então, tentei me sentar. O médico pensou primeiro que eu estivesse sofrendo por causa de fome, até que lhe disseram que eu havia sido severamente agredida. Ele pediu que todos saíssem e tirou minhas roupas; só que parecia que eu ainda estava vestida, porque agora meu corpo todo estava preto por causa das feridas. O médico ficou chocado e perguntou:

— Helen, o que ele fez com você? Que tipo de bastão ou chicote ele usou em você?

Quando contei como Suleiman me batera, ele foi para fora e chorou. Ao retornar, disse:

— Por que você o deixou fazer isso? Você deveria ter gritado. Você consegue entender que talvez nunca mais possa andar? Helen, eu a ajudarei o máximo que puder, mas você terá grandes problemas no futuro.

Ele apontou para minhas feridas: minhas pernas e meus ombros estavam inchados, minha coxa sangrava, e havia feridas atrás do meu pescoço.

Suleiman foi chamado à clínica e, quando chegou, o médico apontou para meu pescoço:

— Você provavelmente a feriu internamente aqui. Ela podia ter morrido.

Mostrou também minhas pernas e disse:

— Veja isto! Veja quantas feridas. Ela precisa ser tratada em um hospital.

Só que Suleiman se recusou a me deixar sair, já que queria esconder o que havia feito. Então, quando ele foi embora, o médico injetou uma bolsa de soro em mim para a terapia intravenosa. Em seguida, começou a massagear minhas feridas. Um dos interrogadores chegou enquanto o médico fazia isso, mas, ao ver as feridas, saiu correndo para fora. O médico o chamou de volta para ajudar, e juntos eles limparam meu corpo com uma solução de iodo. A dor que o iodo causava em minhas pernas competia com a queimação que eu sentia por todo o corpo. O interrogador teve de me segurar para que o médico pudesse trabalhar.

Eles ainda pensavam que eu deveria comer; então, trouxeram-me uma comida leve: iogurte e *injera* (o pão fino que é comido em todas as refeições na Eritreia), mas, todas as vezes que eu tentava engolir, sentia enjoo e, então, implorei para que me permitissem apenas descansar.

Quando me deixaram em paz para dormir, outro prisioneiro chegou à clínica para um tratamento emergencial, porque havia cortado a mão. Eu o tinha discipulado, e, agora, ele era um cristão forte. Eu tinha alguns outros estudos escondidos em um bolso na minha roupa íntima e quis dar a ele, mas eu estava deitada de costas, com o médico entre as duas camas, e não consegui tirar os papéis para fora. Fiquei surpresa ao perceber que estava preocupada com isso, mesmo tão seriamente doente, e pensei no que Suleiman pensaria se me pegasse passando esses estudos para outra pessoa, depois de tudo o que tinha feito comigo.

Enquanto eu estava ali deitada, começou a chover e ouvi um forte barulho vindo de fora. Eu não conseguia sentar para ver o que estava acontecendo, mas provavelmente eram os tijolos que caíram de uma das fracas construções de barro do complexo. Eu esperava que a clínica se mantivesse inteira enquanto eu estivesse deitada ali.

Já era tarde da noite quando me carregaram de volta para meu contêiner, enquanto as outras prisioneiras dormiam. Sofri a noite toda com dores terríveis e pedi várias vezes que Ester chamasse o guarda para que eu pudesse morrer respirando o ar fresco lá de fora. Continuei a sentir que algo estava cortando minha respiração. Na verdade, essa sensação era causada pelo inchaço dos ferimentos. Eles bloqueavam minha garganta e a respiração. Sempre que Ester pedia ajuda, um médico vinha e me dava uma injeção de analgésico, mas não parecia fazer diferença alguma.

Fiquei deitada no contêiner durante vários dias e praticamente não dormia por causa da dor. Consegui comer um pouco da sopa de lentilhas, mas a maior parte do tempo não tinha apetite. Pensei muito sobre o que havia acontecido e sobre quão cruéis os humanos podem ser uns com os outros. Ainda assim, eu não conseguia odiar Suleiman. Ele tinha me agredido porque estava irado, e fiquei me perguntando se agora ele não sentia vergonha do que tinha feito. Eu não queria que ele fosse punido pelo que acontecera, mas orei para que um dia ele pudesse encontrar a mesma fé que eu tinha no Senhor e se arrependesse do que havia feito.

Pedi que Suleiman me visitasse, e ele veio até o contêiner porque pensava que eu havia mudado de ideia depois de ter apanhado tanto, e estava disposta a assinar o documento. Ele perguntou como estavam minhas feridas e ficou espantado quando eu disse que estava bem. Quando ele questionou o que eu queria, disse-lhe:

— Não consigo dormir. Sinto dores constantes e, às vezes, parece que não consigo respirar. Se eu for morrer, gostaria de ver minha filha antes disso. Por favor, deixe-me vê-la.

Ele respondeu:

— Helen, é melhor você pedir para ser solta do que trazer sua filha aqui para a visitar. Você sabe o que tem de fazer, e, então, eu a soltarei. Algumas vezes, penso que você não deve ser humana. Você deve ser feita de metal, porque parece que nada a afeta.

Então, ele conversou comigo com uma voz mais suave:
— Por que você simplesmente não pede para ser solta? Você já fez o suficiente por sua fé e já está quase morta mesmo. Será como se você tivesse morrido. Então, você terá feito seu trabalho e poderá desistir de sua fé e morrer em casa.

Só que eu me recusei a fazer isso, e ele não me permitiu ver Eva.

Durante esse período, eu estava muito grata a Deus por minha amiga Ester. Ela me servia incansavelmente e por causa dela ainda posso andar. Ela me massageava e me dava banho todos os dias. Ela me alimentava e lavava minhas roupas sem nunca reclamar. Apesar de todo esse cuidado, minha saúde começou a se deteriorar, e eu sangrava sem parar. Minhas pernas estavam sempre inchadas.

Mesmo em meio àquele sofrimento, um dos guardas, que era muçulmano, veio nos agredir de novo. Suspeitamos que Suleiman o tivesse enviado, porque o desafiei mais uma vez quando me recusei a pedir para ser solta. O guarda mandou que nos deitássemos com o corpo esticado para que ele pudesse nos agredir com o bastão. Ester ficou brava e disse:

— Por que você está fazendo isso? Você não sabe que a Helen ainda está em tratamento por causa dos ferimentos graves que sofreu? Eu não me importo se você quer me bater, mas você não deveria bater nela de maneira alguma.

Só que obviamente o guarda já sabia que eu estava ferida, porque não respondeu nada. Quando ele atingiu minhas feridas, a dor foi insuportável.

Meus gritos e as súplicas de Ester acabaram trazendo um dos médicos rapidamente.

— Você não pode bater nela! Se ela morrer, será responsabilidade minha!

Os médicos têm de supostamente manter os prisioneiros vivos quando eles são torturados, e eles trabalham muito para isso. Geralmente são punidos quando um prisioneiro morre.

Minhas pernas estavam tão feridas que eu não conseguia sequer andar até o banheiro. Achei humilhante usar o balde-banheiro na frente das outras prisioneiras que agora compartilhavam o contêiner conosco; então, comecei a pedir toalhas sanitárias. Usei todo o suprimento da prisão. Aí eles me deram as ataduras da clínica. Não havia nenhuma mulher na equipe da prisão, de modo que tive de pedir tudo para os oficiais, o que em minha cultura é muito vergonhoso para uma mulher. Então, Ester começou a me carregar nas costas até o banheiro. Eu era conhecida na prisão por sempre caminhar dentro do contêiner e por ajudar os outros, mas agora todos, até alguns guardas, estavam chocados por me ver desse jeito e sentiam pena de mim. Quando eu recusava a usar o balde ou a comer, Ester insistia. Eu lhe dizia que, se eu comesse, teria de usar o balde, portanto preferia somente beber. A situação me afetou psicologicamente: eu estava presa em um contêiner, sem poder andar, humilhada pelas condições do banheiro e mancando com dores terríveis.

Certo dia, outro médico foi chamado por causa do enorme inchaço em minhas pernas e perguntou o que tinha acontecido. Quando lhe expliquei o ocorrido, ele afirmou que deveriam ter me levado para o hospital na época. Só que não havia nada que eu pudesse fazer. Eu não tinha ninguém para me ajudar e estava piorando a cada dia. Havia três médicos na prisão, e cada um deles recomendou que eu fosse levada ao hospital, mas Suleiman não permitia.

Nessa época, li *O homem do céu,* do irmão Yun, que alguém havia traduzido para meu idioma, tigrinya, e contrabandeado para dentro da prisão. Fui encorajada e consolada pela leitura. Continuei a escrever para os prisioneiros. Os guardas vinham de vez em quando avaliar minha saúde, mas eu escrevia escondida debaixo do cobertor para que não me vissem. Ester distribuía minhas cartas a caminho do banheiro pela manhã e sempre mudávamos nossas táticas para evitar que fôssemos descobertas. Algumas vezes, nós as embrulhávamos em um pano ou Ester as enfiava no meio de suas roupas.

Entretanto, um dia não consegui terminar uma carta, e Ester esperou por mim. Eu tinha acabado de entregar a carta a ela quando Suleiman entrou no contêiner. Ester a cobriu rapidamente com um cobertor, mas ele já a tinha visto. Ele recolheu todos os meus papéis e os levou para o escritório. Ester foi para o banheiro, e, enquanto ela estava fora, Suleiman voltou.

— Helen, você ainda está escrevendo? Nesta carta, está escrito: "Desculpe-me, já faz tempo que não escrevo para você, mas tenho muitas ovelhas para as quais escrever; então, dou prioridade às que estão em situação mais difícil". O que você quer dizer com isso?

A pessoa que receberia a carta parecia bem, portanto achei que ela não precisava de muito ensino ou encorajamento, enquanto havia muitos outros deprimidos. Eu realmente tinha muitas ovelhas a quem escrever; algumas eram cristãs. Então, eu enviava estudos bíblicos para discussão, e elas me mandavam de volta os comentários e as perguntas. Mas eu também escrevia a pessoas que não eram cristãs para compartilhar minha fé e encorajá-las. Muitos prisioneiros tentavam cometer suicídio, de modo que eu lhes enviava mensagens de esperança. Eu também mantinha contato com os guardas da prisão, e alguns começaram a ler a Bíblia. É claro que eu não contei nada disso a Suleiman.

Suleiman anunciou:

— Helen, eu desisto de você.

Eu lhe disse que não iria parar, e, finalmente, depois de tudo o que me havia feito passar, ele entendeu que eu não desistiria mesmo. Só que, em vez de ir atrás de mim dessa vez, ele me pediu os nomes das pessoas a quem eu tinha escrito para que lhes pudesse dar um "conselho". Eu usava codinomes nas cartas.

— Se eu entregar minhas ovelhas para o inimigo, não sou uma pastora. Tenho de protegê-las — respondi.

Ele me encarou e disse:

— Quem são essas ovelhas? Quando você diz que está ocupada mandando cartas para outras ovelhas, quer dizer que ainda está ensinando? Você está trancada neste contêiner... como pode reclamar de estar ocupada?

Suleiman perdeu a paciência e declarou:

— De qualquer maneira, não há mais nenhum problema, porque vou abandonar você!

Ele voltou para o escritório dizendo:

— Suas chances acabaram. Não perderei mais meu tempo com você.

Ele estava falando sério, porque me passou para outro interrogador. Quando cheguei à prisão, conheci esse homem, cujo nome era Daniel, mas já fazia meses que ele não aparecia, portanto não sabia que eu tinha sido torturada. Ele deveria ter saído para receber treinamento, porque, quando chegou, tornou-se o comandante dos interrogatórios.

Os guardas me carregaram até Daniel, porque eu não conseguia andar. Sentei em seu escritório e o observei enquanto ele andava ao redor. Consegui perceber que, pelo modo com que estava fazendo aquele teatro, ele queria me amedrontar ou me impressionar com a importância de sua nova posição. Finalmente, o chefe me disse:

— Helen, todos leem a Bíblia. Eu tenho duas Bíblias. Você quer que eu lhe mostre?

Eu sabia que ele estava representando e ri por dentro. Temos um ditado na Eritreia que diz: "Uma noiva recém-casada limpa tudo". Ele não sabia que até Suleiman havia desistido de mim; então, estava se esforçando para me intimidar. Ele trouxe o bastão policial e o colocou sobre a mesa na minha frente.

— Helen, estou avisando. Pare de crer ou baterei em você com isto.

Eu olhei para ele e ri.

— Você está tentando me assustar com o bastão? Esse bastão não é novo para mim! Apanhei com ele até quase morrer e, ainda assim, não mudei de ideia. Então, se você quer me bater, pode fazer isso, mas, a não ser que seja da vontade de Deus, você não me pode matar.

Ele olhou para trás e disse:

— Tudo bem... Só que quero o nome da pessoa a quem você escreveu esta carta. Eu já sei quem é, mas quero ouvir de você.

— Se você já sabe, por que está perguntando quem é? — respondi.

Alguns membros de sua equipe eram graduados e, como tinham educação formal, eram sempre suspeitos. Ele falou o nome de um deles, mas respondi apenas:

— Nunca entreguei nome algum e nunca entregarei.

Ele mudou de tática e começou a falar calmamente comigo:

— Helen, essas pessoas a quem você está escrevendo não se importam com você. Pense em como você era antes e veja como está agora. Seu corpo está deteriorando. Você não se preocupa nem um pouco com sua saúde?

Como não fui persuadida, ele me mandou de volta para meu contêiner.

Quando cheguei ao contêiner, comecei a me sentir pior, de modo que chamei o médico e lhe disse:

— Estou perdendo muito sangue e me sinto tonta. Será que você consegue estancar o sangramento?

Ele me deu uma injeção que me fez sentir dormente. Pensei que podia ser um sedativo, mas, quando eu perguntei o que era, o médico explicou:

— Não temos nenhum remédio que lhe possa ajudar. Então, estou fazendo o melhor que posso com o que temos aqui.

— Você está me tratando como uma cobaia — respondi ao médico.

Ester olhou para a ampola e viu que o medicamento já tinha expirado há muito tempo, mas, quando ela disse isso ao médico, ele apenas riu.

— Vocês duas devem ser especialistas. Já disse que não temos mais nenhum remédio.

Como minhas feridas não foram tratadas adequadamente, minha condição piorou a ponto de eu não conseguir mais urinar nem sequer me levantar ou andar sozinha. Os guardas trouxeram uma maca para o contêiner e me carregaram para a clínica. O médico chamou Suleiman e Daniel, o comandante dos interrogatórios, e disse a eles firmemente:

— O corpo dela está parando de funcionar, e sua saúde agora está muito ruim. Se nós a deixarmos aqui, ela morrerá.

Suleiman balançou a cabeça.

"O que ele fez por você?"

— Ela está bem. O problema principal é a fome. Ela ficará melhor se nós a alimentarmos.

Ester tinha vindo comigo e não conseguiu se conter.

— Fome! — ela gritou para os homens, que ficaram espantados.

— Como você ousa falar desse jeito! Isso é desculpa. Helen está mal porque você a torturou.

Eles olharam para Ester por um momento; então, viraram para o médico como se ela não estivesse ali e começaram a dar instruções para que a comida fosse trazida.

Quando a comida chegou, Daniel me forçou a abrir a boca, enquanto Suleiman colocava as lentilhas da colher para dentro como se eu fosse um bebê. Achei aquela atitude ofensiva, porque sabia que eles apenas fingiam estar preocupados comigo. Eu disse repetidas vezes:

— Parem, por favor! Eu não quero comer. Ficarei feliz por receber soro pelo tratamento intravenoso.

Suleiman e Daniel decidiram me manter na clínica e permitiram que Ester ficasse comigo para me carregar até o banheiro à noite. Como eu já disse, a clínica era uma das construções feitas com os tijolos de barro e era praticamente tão simples como o contêiner. Só havia três camas no lugar com colchões finos, alguns itens médicos básicos, e uma iluminação fraca vinda de lâmpada elétrica dependurada no teto, que era feito de duas camadas de cabos de ferro enrolados e que estava cheio de buracos. A pior coisa é que a clínica estava infestada de ratos. Eu podia vê-los escalando as paredes e andando ao meu redor. Naquela primeira noite, assim que o médico apagou as luzes, senti algo puxando a manga da minha roupa. Era um rato que estava na cama comigo, puxando minhas roupas com seus dentinhos afiados. A partir de então, eu mantinha as luzes acesas todas as noites para tentar desencorajá-los a subir e sempre ficava com um dos meus gatos ao meu lado, mas os ratos eram muito assertivos. Não era de surpreender que eu tivesse dificuldades para dormir.

Minha condição continuou piorando até que Suleiman permitiu que o médico me levasse para o hospital. Os guardas trouxeram um caminhão para perto, e Ester me carregou até ele. Isso foi em 2006, e eu já estava presa por trinta e um meses de duas semanas. Ester continua na prisão.

11
A libertação

Enquanto o caminhão saía da prisão, eu estava machucada demais para sentir alívio. Contudo, quando entramos na cidade outra vez, comecei a olhar ao redor. Isso ajudou a me distrair das dores que eu sentia a cada solavanco do caminhão pelas ruas. Eu não via a cidade já fazia dois anos e sentia falta dela. Após todo esse tempo, a cidade também parecia mais velha, descuidada e atormentada. Assim como eu, ela se deteriorara.

O caminhão parou no hospital, e um dos guardas me trouxe uma cadeira de rodas, onde fui colocada. Eu me sentia um pouco enjoada e pedi que as enfermeiras me levassem ao banheiro; no caminho, vi de relance um médico cristão que conheci antes de ser presa. Eu sabia que ele também tinha sido preso, mas fiquei chocada com sua aparência. Seu cabelo embranquecera, e seu rosto se enchera de manchas descoloradas. Essas manchas se devem a mudanças hormonais que geralmente só são vistas em mulheres grávidas, mas, no caso daquele médico, surgiram por causa do estresse. Ele também estava no hospital recebendo tratamento, cercado de guardas da prisão. Ao ver-me, também ficou chocado.

Essa foi a primeira vez que estive com um médico apropriado desde que fui presa. Na verdade, os médicos na prisão são socorristas, não médicos profissionais qualificados. Quando expliquei que minha condição ruim fora causada por torturas, sua expressão se obscureceu.

— Farei tudo o que puder para que você seja admitida como paciente. Eles não podem mandar você de volta para a prisão nesse estado.

Minha mãe havia sido enfermeira naquele hospital, e alguém ligou para avisá-la de que eu estava ali. Ela veio do trabalho com outro paciente, e, quando a vi, não contive as lágrimas. Eu estava aliviada por vê-la, mas não conseguia acreditar em quanto ela tinha envelhecido. Minha mãe tentou controlar o choque que teve ao ver-me naquelas condições, mas eu sabia que ela estava horrorizada.

Os guardas que me trouxeram ao hospital pararam à porta do meu quarto, e um deles disse:

— Helen, afinal de contas, você é humana. Nunca tínhamos visto você chorar.

Depois de alguns dias, quando me deram permissão para receber visitas, minha família inteira veio me ver. Uma enfermeira me empurrou na cadeira de rodas até eles. Todos choraram e lamentaram quando me viram, principalmente minha avó e Eva. Minha filha estava quase histérica. Ela chorava sem parar e dizia:

— Minha mãe está paralítica! Ela nunca mais poderá andar?

Ninguém pôde responder à sua pergunta, pois minha condição era muito séria.

De qualquer maneira, eu estava feliz por finalmente receber tratamento médico adequado e poder outra vez comer o que minha família me trazia, suplementando minha dieta hospitalar. Infelizmente, meu amigo, o médico cristão, não podia desfrutar de comida caseira. Os prisioneiros tratados no hospital recebiam comida duas vezes por dia e geralmente não lhes era permitido receber nada dos visitantes, embora tenham aberto uma exceção no meu caso, talvez porque eu estivesse muito doente e tivesse sido agredida tão duramente.

Na hora das refeições, uma mulher carregava uma grande panela pela ala do hospital. Geralmente eles faziam algum tipo de massa (muito populares na Eritreia, por causa da colonização italiana), mas a serviam queimada ou parecendo um mingau sem molho ou tempero. Meu amigo médico estava muito doente, sofrendo de diabetes, problema no fígado e asma, adquiridos no período em que esteve preso, e precisava de uma alimentação mais adequada, mas isso era tudo o que ele recebia. Era um médico respeitado e vinha de uma boa família, mas tinha de entrar na fila obedientemente com os outros prisioneiros. Certo dia, vi uma mulher tirar de uma panela grande uma colherada daquela massa, que mais parecia um mingau, e jogar no prato dele. Sentei em minha cadeira de rodas e fui lá fora buscar ar fresco e sol, e chorei. Eu estava muito infeliz por ver meu amigo sofrer daquele jeito! Ele havia ajudado inúmeras pessoas e não tinha feito nada de errado. Estava preso por causa de sua fé e agora era punido pelo simples crime de crer em Jesus.

Mais tarde naquele dia, eu o vi tentando lavar suas roupas, já que eles obrigam os prisioneiros a fazer esse serviço. Como de costume, sua família sempre teve uma empregada doméstica, e meu pobre amigo não conseguia realizar a tarefa direito. Na Eritreia, garotos nunca lavam as roupas, e às vezes nem as garotas fazem isso, se há uma empregada que o faça. Tentei elevar seu humor e perguntei em tom de brincadeira:

— Você está gostando de lavar roupa?

Ele se virou para mim com um sorriso forçado e disse:

— Helen, eu nunca tinha lavado um lenço sequer.

O hospital enviou um recado para a prisão dizendo que minha saúde estava ruim demais para que eu voltasse para lá. Eles me colocaram em um quarto separado para prisioneiras, mas eu estava sozinha, porque não havia nenhuma outra mulher na época. No outro lado do corredor, ficava a ala dos prisioneiros. Sempre que alguém morria ali, eles o colocavam em uma maca e o deixavam no corredor na frente da minha porta. Eu via pessoas mortas o tempo todo. Aos poucos, comecei a pensar que todos que iam para o hospital acabavam morrendo. É claro que isso não era verdade. O que acontecia era que esses prisioneiros só eram levados da prisão para o hospital quando estavam morrendo, e geralmente era tarde demais para os médicos salvá-los. Só que comecei a ficar paranoica e a suspeitar de que os médicos os estivessem matando de propósito. Quando eles tentaram me dar remédios, temi que tentassem fazer o mesmo comigo. Meu coração se encheu de pensamentos obscuros e dúvidas, mesmo eu sendo cristã.

Eu não tinha privacidade alguma. Era empurrada para o banheiro em uma cadeira de rodas e precisava de ajuda para tomar banho, enquanto os guardas permaneciam no hospital.

Os médicos começaram a me dar injeções para a dor, mas tiveram de mudar para paracetamol, já que os analgésicos faziam mal para o meu fígado. O paracetamol não era tão eficaz, e geralmente eu tinha de chamar as enfermeiras à noite, porque a dor era forte demais. Em certo momento, tornei-me relutante em chamar os médicos e as enfermeiras, porque precisava acordá-los. Minha perna esquerda não melhorava. Continuou a inchar, e, sempre que eu colocava o pé no chão, sentia uma dor aguda e terrível.

Os médicos estavam entusiasmados em me ajudar a andar novamente, mas eu achava difícil por causa da minha perna esquerda, e era cedo demais para fazer fisioterapia. Eles queriam me transferir para um hospital especializado em Oreta, do outro lado de Asmara. Em vez disso, meus pais sugeriram que o hospital me liberasse para que eles me cuidassem, e eu seria registrada no hospital de Oreta como uma paciente externa.

Meus pais me levaram para casa. Eles começaram a me alimentar adequadamente, a me medicar e a me dar banho. Meu pai me levava regularmente a Oreta para receber tratamento e, aos poucos, comecei a melhorar. Entretanto, mesmo tendo sido oficialmente libertada da prisão, eu era observada o tempo todo. A casa estava cercada de polícia secreta. Eles sempre paravam meus pais e perguntavam: "Como está a perna da Helen? Ela está melhorando?". Mesmo quando visitantes chegavam, eu tinha dificuldade de falar, porque temia que eles pudessem relatar algo para a polícia secreta. Sabia que, se achassem que eu tinha melhorado o suficiente, havia uma grande chance de que me levassem de volta para a prisão, onde com certeza eu morreria.

Então, fiz planos secretos para deixar a Eritreia. Fui até a embaixada sudanesa e implorei por um visto para entrar no Sudão. Por milagre, consegui o visto, porque, se as autoridades soubessem que eu estava planejando sair, teriam me impedido. Embora me seguissem o tempo todo, pareciam cegos ao que eu estava realmente fazendo, e vi a mão de Deus naquela situação.

Ao fazer um exame médico geral, o doutor me perguntou:

— Por que você precisa de um exame como esse? É o tipo de exame que as pessoas fazem antes de sair do país.

Eu disse:

— Só preciso de um exame médico geral.

Ele demonstrou indiferença e fez o exame.

Havia uma chance em cem de que eu conseguiria sair da Eritreia por avião. A maioria das pessoas foge pela fronteira, mas eu não tinha condições físicas para isso. De qualquer forma, eu sentia como se Deus estivesse direcionando todas as coisas, desde minha libertação da prisão, depois minha liberação do hospital e agora os eventos que levariam a minha fuga da Eritreia.

Esperava para embarcar no avião, apoiada em minhas muletas, e percebi que um dos seguranças me encarava. Temia que ele de alguma maneira soubesse quem eu era e o que estava fazendo. Ele caminhou em minha direção e comecei a sentir minhas pernas tremer, mas então ele colocou a mão sob o meu braço para me dar firmeza.

— Deixe-me ajudar você — disse.

Sussurrei:

— Obrigada!

Ele retornou com gentileza:

— Devemos ajudar aqueles que lutaram bravamente por nosso país.

Ele achou que eu me tornara deficiente na guerra com a Etiópia, embora eu não tivesse dado indicação alguma de que esse fosse o caso. Quando entreguei meu passaporte na imigração, eles mal o olharam. Minha foto era antiga, e os nomes "Helen" e "Berhane" são comuns na Eritreia. Senti como se Deus estivesse cegando as pessoas que poderiam ter me impedido.

No avião, fui colocada em um assento na janela reservado a deficientes. Enquanto partíamos, olhei pela janela e vi Asmara abaixo de mim. Forcei a vista contra o sol e acho que vi bem de longe a prisão onde passei mais de dois anos sofrendo por meu Deus. Eu mal podia acreditar que agora estava deixando meu amado país. Ainda assim, parecia que a qualquer momento eu poderia acordar no frio, no chão duro do meu contêiner, e descobrir que minha liberdade tinha sido apenas um sonho.

Só que era bem real e, pela graça de Deus, eu estava livre.

12
A liberdade

Embora eu tivesse deixado a Eritreia para trás, minha jornada acabara de começar. Minha irmã mais velha se encontrou comigo no aeroporto no Sudão e me levou para sua casa. No começo, foi difícil ajustar-se à vida naquele país. O Sudão é ainda mais quente que a Eritreia, e eu passava a maior parte do dia sozinha, enquanto minha irmã saía para trabalhar em uma cafeteria com internet. Comecei a frequentar o médico regularmente. O meu tratamento era muito caro, mas eu recebia ajuda da minha família e dos meus amigos na Eritreia. Boa parte da ajuda era enviada por meio da organização *Release Eritrea*. Fiquei surpresa ao saber que pessoas que eu talvez nunca conheça oraram por mim enquanto eu estava presa, e eu era muito grata por suas orações.

Ainda tomo seis tipos diferentes de medicamentos diariamente, mas, com uma boa alimentação e a liberdade recuperada, comecei a melhorar. Sofri perda de memória após aquela agressão, mas agora minha memória começou a voltar. O médico do Sudão me disse que os músculos da minha perna esquerda se desgastaram e que um exame de ultrassom diagnosticou um ferimento no meu fígado, por isso ele me passou um tratamento para solucionar isso também.

O médico recomendou que eu me exercitasse para ganhar força; então, um antigo amigo da igreja, que agora vivia no Sudão, buscava-me em casa para irmos juntos à academia todos os dias. Foi muito difícil no começo, porque eu sentia dores até quando ficava em pé e perdia o equilíbrio com facilidade, mas com o passar do tempo acabei melhorando.

No entanto, eu ainda não estava segura. Quase todos os dias o telefone tocava, e, quando eu atendia, ouvia uma voz que dizia:

— Nós estamos observando você.

Eu também me preocupava com Eva, que permanecera na Eritreia com meus pais. Receava nunca mais vê-la ou que o governo a machucasse. Sabia que, quando completasse 17 anos, ela teria de se alistar no exército, e eu queria um futuro melhor para minha filha. A polícia secreta continuava me vigiando, e não havia chance alguma de que Eva pudesse sair do país da mesma maneira que eu fizera. Então, tive de tomar a difícil decisão de retirá-la ilegalmente da Eritreia.

Havia um homem que guiava as pessoas na travessia da fronteira. Entrei em contato com ele e paguei para que ele levasse Eva de Asmara para o Sudão pelo deserto. Eu sabia que era perigoso, pois muitos traficantes de pessoas levam os grupos até o deserto, roubam as pessoas e as deixam lá para morrer, e, mesmo que esse homem fosse honesto, o grupo ainda corria o risco de ser capturado. Além de tudo, a jornada era longa e perigosa para uma garota de 12 anos, mas eu acreditava do fundo do coração que aquela era a única chance de Eva ter uma vida melhor. Antes de sair da Eritreia, eu tinha enviado alguém para visitar a família da minha boa amiga Elsa, com quem eu compartilhara um contêiner, aquela que fora enviada para me espiar e a quem passei a amar como uma irmã. Eu queria ter alguma notícia dela, mas não conseguiram descobrir nada. Sabia que nossa outra amiga, Rahel, havia sido solta, mas não consegui descobrir onde ela estava, e, quando mandei alguém visitar a família, eles ficaram relutantes e não falaram, porque temiam que o governo pudesse prendê-la novamente caso soubessem que eu tinha entrado em contato. Eu sabia que não podia deixar Eva na Eritreia, já que parecia que o governo havia decidido encontrar meios de me punir por meio das pessoas que eu amava.

Sentei-me em Cartum e orei; enquanto isso, minha filha era levada à noite em um jipe sem faróis para não serem vistos. O filho do traficante estava deitado no teto e assoviava as direções. A jornada era longa e dura. A comida que eu tinha comprado para Eva nunca chegou a ela, e, em certo ponto, quando eles tiveram de andar por um tempo, Eva estava tão fraca que um dos outros refugiados teve de carregá-la nas costas, caminhando na areia e enfrentando o calor. Quando chegaram à fronteira, Eva teve de passar diversos dias em um centro de detenção, e uma das garotas do grupo foi estuprada, possivelmente por um oficial de segurança sudanês. Depois, já em Cartum, ela foi parar em um campo de refugiados onde minha irmã a encontrou e a trouxe para casa. Agradeci a Deus por tê-la guardado e estava muito grata pelos homens que a tinham introduzido no país clandestinamente.

Eu já tinha feito planos para que saíssemos do Sudão, porque nos cinco meses entre minha saída da Eritreia e a chegada de Eva, fui forçada a me mudar quatro vezes, porque as ligações persistiam e as ameaças pioravam a cada ligação. Quando eu perguntava quem estava ligando, eles respondiam:

— Você não precisa saber meu nome. Saberá quem sou quando eu pegá-la.

Então, havia um perigo real de que alguém viesse e nos sequestrasse ou nos matasse.

Embora eu não estivesse cantando nas igrejas do Sudão, um pastor eritreu queria que eu fizesse um concerto *gospel* em sua igreja em Cartum. Sem me avisar, ele espalhou pela cidade pôsteres com minha foto. O governo eritreu soube do evento, e tive de me mudar imediatamente. A organização *Release Eritrea* cancelou o concerto e tentou explicar para o pastor quão perigosa era minha situação, mas ele não conseguia entender o que o governo era capaz de fazer e até invocou a Bíblia: "Não temas". Ele queria seguir em frente com o concerto e, na verdade, foi de táxi até minha casa para me buscar, mas eu já me havia mudado. A *Release Eritrea* se esforçava para encontrar asilo para nós na Europa. Eu não me importava com o local para onde iríamos. Apenas lhes disse:

— Embarcaremos para o primeiro país que aprovar nossa documentação.

Esse país foi a Dinamarca.

Quando pousamos em Copenhagen, era como se estivéssemos em um mundo totalmente diferente. Mãe e filha, éramos garotas da cidade e nunca tínhamos vivido em uma pequena comunidade. Para chegarmos a nossa nova casa, tivemos de seguir um longo caminho desde Copenhagen até uma pequena comunidade no interior, perto do mar. Tudo foi muito estranho para nós. Quando chegamos, eu mal podia me mover, mas, conforme minha condição começou a melhorar, ansiei pelo barulho e pela agitação de Asmara. Foi mais difícil ainda para Eva, porque nos mudamos para uma comunidade onde havia muitos idosos e poucas opções para encontrar com adolescentes.

Ela estava acostumada a viver com meus pais e com minha irmã mais nova, e agora só restávamos nós duas. Não havia escola, portanto Eva teria de viajar até a cidade mais próxima todos os dias. Quando fiquei bem o suficiente, comecei a acompanhá-la uma vez por semana para aprender inglês e dinamarquês.

Para nós, existem muitas coisas positivas na Dinamarca. Em casa, eu não teria outra opção além de ser presa, espancada, abusada, mas, mesmo não sendo meu povo, os dinamarqueses cuidaram de mim como se eu fosse do povo deles.

Na Dinamarca, recebo tratamento para a visão, que agora está fraca. Tenho problemas com os dentes, por causa da comida da prisão, mas agora recebo tratamento dentário adequado. Uma vez por semana, duas senhoras vêm limpar a casa e lavar a roupa. Sempre penso na bondade do governo e do povo dinamarquês e oro pedindo que Deus os abençoe.

A população da Eritreia e a da Dinamarca têm praticamente o mesmo tamanho, mas posso ver na Dinamarca respeito e apreciação entre as pessoas. Todos trabalham para o progresso e o desenvolvimento do país. Na Dinamarca, eles não somente se importam com os direitos humanos, mas até com os direitos dos animais! Sempre vou invejá-los e desejar que o mesmo seja verdade em meu país. Se há alguém se esforçando para o bem da Eritreia, o governo não aprovará e o fará parar de trabalhar pelo seu país, como fizeram comigo. É evidente que o governo dinamarquês está comprometido em ajudar seu próprio povo — todas as atividades são focadas em aperfeiçoar e expandir áreas como a saúde e a educação, mas na Eritreia acontece o oposto: o governo gasta seu tempo e seus recursos ampliando prisões, mas não trabalha em prol das pessoas. É por isso que tantos de nós estão exilados. Fico envergonhada quando penso nisso. Temos terra o suficiente e poderíamos alimentar nosso próprio povo. Ainda assim, a Dinamarca não está apenas apoiando os dinamarqueses, mas cuida também de centenas de refugiados. Realmente valorizo a liberdade que tenho aqui de seguir e pregar minha fé.

Quando me senti bem o suficiente para andar com as duas muletas, recomecei meu ministério espiritual, que é o de cantar. Comecei a frequentar estudos bíblicos e a ministrar em igrejas próximas de casa. Agora melhorei tanto que posso andar vagarosamente sem o apoio das muletas e comecei a ministrar em outros países, como Holanda, Alemanha e Suécia. No futuro, oro para que possa viajar por todo o mundo para pregar o evangelho. Agradeço a Deus porque posso dormir tranquila e não sofro nenhum trauma psicológico por causa das minhas experiências, algo que comumente acomete muitas vítimas de tortura. Experimentei verdadeiramente na minha vida o que leio na segunda carta de Paulo aos Coríntios: o corpo exterior pode ser destruído, mas o interior é renovado dia após dia. Acima de tudo, não tenho mais medo. Posso sair e voltar para casa em segurança. Quando eu estava na prisão, tudo era controlado: o horário de comer, de dormir, até de ir ao banheiro, mas agora sou livre para tomar banho quando quiser. E esta é minha oração para todos os que ainda estão sofrendo nas prisões: que eles também possam experimentar a liberdade que venho desfrutando.

Minha vida nova na Dinamarca está inteiramente debaixo da graça de Deus, e vivo para meu Senhor. Se ele escolher me mandar para outro lugar, irei e serei feliz. Na prisão, aprendi que os seres humanos precisam de muito pouco para sobreviver; então, agora não temo nada que o futuro possa me trazer. Não posso trabalhar na Dinamarca neste momento e tenho recursos bem limitados, mas estou satisfeita com o que tenho. Aprendi a estar alegre até em pequenos lugares e a agradecer a Deus, apesar das dificuldades. Embora os humanos sejam limitados naquilo que podem fazer, Deus é ilimitado. Ele estava comigo na prisão, estava comigo no Sudão, está comigo na Dinamarca e sei que sempre estará comigo, não importa aonde eu vá.

Epílogo

Nunca imaginei que precisaria deixar meu país, mas a maioria dos cristãos eritreus é forçada a fugir por causa de nossa fé: não temos liberdade para ler o livro que amamos nem para adorar nosso Deus. Muitos intelectuais e pessoas instruídas também tiveram de partir. Ainda assim, a Eritreia necessita deles, caso deseje se desenvolver e prosperar. Fomos forçados a sacudir o pó de nossos pés e descobrimos que um profeta não é respeitado em sua própria terra. Tudo o que recebemos na Eritreia foi desonra e humilhação. Fomos torturados, oferecemos nossas costas para paus e bastões, e fomos separados daqueles a quem amávamos.

Minha oração é que tudo isso mude e Deus acabe com a perseguição na Eritreia. Muitos pastores passam a vida na prisão, seus filhos tornam-se órfãos e nunca conhecem seus pais; uma noiva é separada de seu noivo; e famílias e amigos são espalhados por todo o mundo. Quero encorajar todos os cristãos a orar pedindo que essas coisas acabem. Meu desejo é simples: quero viver em paz em meu país, como qualquer outra pessoa. Oro diariamente para que um dia a Eritreia seja um país no qual o evangelho possa ser pregado livremente e que se torne uma bênção para todas as nações.

Eu gostaria de deixar uma mensagem aos que são cristãos e vivem no mundo livre. Vocês não podem se acomodar com sua liberdade. Usem cada oportunidade que tiverem para louvar o Senhor, todos os dias. Se pude cantar enquanto estava presa, imagine o que você pode fazer para a glória de Deus com sua liberdade.

Tenho também uma mensagem a meus perseguidores. Quero dizer que eu os amo e espero que um dia eles possam crer no Jesus a quem eu sirvo.

Quero lembrar o governo eritreu de que falamos a mesma língua, temos as mesmas origens e possuímos a mesma cor. Todos nós somos povo da Eritreia. Ainda assim, o governo nos persegue por nossas crenças. Eu os convido a mudar, a escolher o amor, não o ódio, e a espalhar harmonia entre as pessoas. As autoridades devem aprender a ser tolerantes, amar e trabalhar em direção ao progresso e desenvolvimento, assim como a construir em vez de destruir.

Por fim, gostaria de encerrar com a letra de uma canção que escrevi enquanto estava na prisão.

> Nosso pai Abraão viajou por três dias para sacrificar seu filho
> Da Filístia até a terra de Moriá.
> Aquele lugar testemunhou Abraão ser recompensado.
> Ele não se arrependeu no primeiro dia,
> Não se arrependeu no segundo dia,
> E não se arrependeu no terceiro dia.
> Sua determinação foi incrível,
> A viagem até Moriá foi extraordinária.
> Deus ainda tem seguidores fiéis,

Guardiões da promessa que permanecem firmes em sua Palavra.
O Deus de Abraão é fiel,
É fiel o suficiente para manter sua palavra.

REFRÃO: O preço que você deve pagar pelo cristianismo é sua vida,
Mas o resultado final é a vitória.

Servos fiéis que se recusaram a ser persuadidos pela recompensa do rei
Decidiram não contaminar a si mesmos com a comida do rei.
Pareciam mais bem alimentados do que todos os outros jovens
E puderam se colocar diante de reis.

REFRÃO: O preço que você deve pagar pelo cristianismo é a sua vida,
Mas o resultado final é a vitória.

O sofrimento dos hebreus por causa dos açoites foi terrível
As ondas do mar e o poderoso vento.
Apedrejados e sofrendo opressão de dia e de noite;
A fidelidade de Paulo foi testada pela espada.

REFRÃO: O preço que você deve pagar pelo cristianismo é a sua vida
Mas o resultado final é a vitória.

A jornada de Rute foi de esperança, onde não havia esperança;
Um sacrifício foi pago mesmo por uma tribo desprezada.

Embora não houvesse nada prometido para Rute
Pela fé ela tomou seu rumo em direção a Nazaré
E foi incluída na genealogia de Jesus.

REFRÃO: O preço que você deve pagar pelo cristianismo é a sua vida
Mas o resultado final é a vitória.

Acima de tudo, sonho que um dia eu possa retornar a meu amado país e cantar uma canção de louvor no estádio de Asmara. Todas as coisas são possíveis com Deus; então, oro para que um dia isso ocorra.

Sobre a Eritreia

Caso de Helen Berhane abre as portas para a realidade da Eritreia

Presa em um campo militar em 13 de maio de 2004, pouco depois de lançar um álbum de música cristã que se tornou popular entre os jovens eritreus, a cantora *gospel* Helen Berhane nunca foi formalmente acusada, condenada ou levada a julgamento. Ela apenas não atendia às exigências de assinar um documento renegando sua fé, prometendo não cantar mais, não compartilhar sua verdade em Cristo e não realizar quaisquer atividades cristãs na Eritreia. Por este motivo, ela passou dois anos em um contêiner de metal, onde sofreu severas privações.

Desde maio de 2002, o governo da Eritreia só permite que existam quatro grupos religiosos oficiais e diretamente controlados pelo Estado: os adeptos do Islã, da Igreja Ortodoxa, da Igreja Luterana e da Católica. Os demais não têm permissão para se reunir ou atuar livremente no país e quando o fazem são perseguidos.

Atualmente, os cristãos reúnem-se ilegalmente em suas casas. O governo controla as escolas cristãs e reluta em registrar outras. A prática de prender aqueles que se reúnem ou exercem qualquer outra atividade religiosa sem a autorização do governo já causou a prisão de mais de dois mil cristãos.

Críticos do governo, ativistas políticos, jornalistas, religiosos, pessoas que evadiram do alistamento militar, desertores do exército e exilados são mantidos em condições desumanas, presos em contêineres de metal ou em celas subterrâneas.

O caso de Helen Berhane ganhou ampla repercussão internacional por iniciativa da Portas Abertas. Alvo de torturas severas, ela conseguiu asilo político em 2007 na Dinamarca.

A Eritreia

Localizada no Chifre da África, a Eritreia é rodeada a nordeste e leste pelo Mar Vermelho, a oeste e noroeste faz fronteira com o Sudão, a sul com a Etiópia, e a sudeste com Djibuti. A população é constituída por muitos grupos étnicos, sendo que o maior deles é o tigrínio, de maioria cristã. De acordo com a Organização das Nações Unidas (ONU), dois em cada três eritreus sofrem de desnutrição e o governo restringe a ajuda de grupos humanitários. Além disso, 41% dos habitantes são analfabetos e 50% vivem abaixo da linha da pobreza. Toda a população adulta do país (homens e mulheres com mais de 18 anos) deve servir obrigatoriamente as Forças Armadas por pelo menos seis meses. Devido à falta de liberdade política e religiosa, muitos jovens estão fugindo para países vizinhos, e o governo costuma punir com severas multas e prisões as famílias das pessoas que fogem.

Cerca de 80% da população do país está envolvida na agricultura de subsistência, pois a economia do país é totalmente controlada pelo partido no poder atualmente, a Frente Popular por Democracia e Justiça (FPDJ).

Desde 1993, quando se tornou oficialmente independente da Etiópia após uma guerra de 30 anos, a Eritreia é governada pelo presidente Isaias Afewerki, que tem o poder legislativo e judiciário em suas mãos e nunca realizou eleições.

O cristianismo chegou ao país em 34 d.C. através de um tesoureiro do reino de Sabá. A religião seria difundida com mais eficiência e rapidez no século IV d.C. O cristianismo ortodoxo (Tewahdo) é o mais praticado pelos eritreus; outros grupos cristãos como católicos e protestantes só chegaram ao país após 1890, com o domínio italiano. Os cristãos são basicamente ortodoxos, e quase inteiramente da etnia tigrínia. As igrejas evangélicas estão crescendo, mas são limitadas em recursos para treinamento e evangelismo. Os cristãos estão sofrendo a pior perseguição de toda a História da Eritreia.

O trabalho da Portas Abertas

A Portas Abertas é uma organização não governamental que existe para fortalecer a Igreja nos locais mais hostis ao evangelho. Para isso, desenvolve parceria com igrejas locais e outras 300 organizações associadas ao redor do mundo. Em mais de 50 países, distribui Bíblias, treina líderes cristãos — utilizando cursos baseados nas Escrituras, e apoia irmãos em Cristo que sofrem por causa da fé, caso de Helen Berhane e de tantos outros que ainda continuam confinados em contêineres de metal e celas subterrâneas.

Quesitos como acesso, alcance, credibilidade e invisibilidade são cruciais para atender efetivamente as necessidades dos cristãos perseguidos ao redor do mundo. Por isso, a Portas Abertas compartilha sua rede de contatos e de relacionamentos quando isso equivale a proteger e servir os interesses espirituais de irmãos que se encontram em situação perigosa.

No Brasil

Em países livres, o trabalho da Portas Abertas consiste em mobilizar e engajar a Igreja para orar, apoiar e agir em favor de seus irmãos em Cristo por meio de oração e doações.

A atuação da Portas Abertas envolve:

Distribuição de Bíblias, materiais impressos, de áudio e vídeo

Treinamento de liderança e discipulado

Ajuda socioeconômica para garantir a sobrevivência e o sustento

Ações institucionais voltadas para o apoio legal

Conscientização e incentivo à oração

Engajamento e mobilização da Igreja

Formação da próxima geração de parceiros

Agradecimento

A Portas Abertas agradece aos milhares de cristãos brasileiros que oraram por Helen Berhane enquanto ela estava presa. A cantora *gospel* Fernanda Brum também ajudou a divulgar a causa dos cristãos na Eritreia, na mídia cristã e secular, e dedicou a conquista do troféu Talento 2007 a Helen Berhane.

Saiba mais em **www.portasabertas.org.br**